JN290056

食文化の風景学

小林 享 著

技報堂出版

風景学の新たな地平

中村良夫

小林さんが雨の風景の研究成果を主体に『移ろいの風景論』として世に問うてからしばらくして、食文化の風景学も可能ではないか、いつの日か誰かがそれを書かねば、という話になって、おおいに盛り上がったことがあった。それからまた年月が過ぎ、そろそろ忘れかけながらも、心待ちにしていた研究成果がついに出版されることになった。

風景論が食文化にどう結びつくのか、それを唐突に思う向きもあろうが、これには深いわけがある。

「宴を設け風景を愛でるという昔ながらの生活行事には、居合わせた者同士が、自然をも含めた人間の連帯感、一体感を確認し、共に生きている喜びを味わうという重要な意義が根底にある」という小林さんは、自らなかなかのグルメであり、その美食の秘技をもって家族を楽しませる人でもある。こうした地に足のついた円満な暮らしのなかから芽生えてきた学問的な達成がここにある。それは、生産のための学知ではなく、ましてや統治の技術でもなく、入念な消費が人間の感覚を通して高い文化を生成するプロセスの研究といってよい。

そして、そのきわめて美的なプロセスは身体感覚を通した宇宙との詩的対話であるばかりか、食卓を共にする人間どうしの共感を媒介して成立するという意味において、すぐれて社交的な場を引き立てる創造的な演出でもあるだろう。

それはちょうど、しわぶき一つ聞こえぬコンサートホールよりも、家族団らんのテーブルで和気あいあいと室内楽を楽しむのに似ているかもしれない。音楽の形式もさることながら、それを楽しむ場の形式や演出が問題なのだ。このように考えれば、この新しい知的営為は総合感覚で楽しむ社交という間主観的な場に風景論を広げたといえる。

手の届かぬ山河をデザインするわけにはいかないが、それを楽しむ場をしつらい、演出することはできる。こういう考え方をする景観工学の言葉でいえば、小林さんの力作は、視点近傍の設計につながる視点場論を深化させることによって、風景デザインの概念を広げることに成功した。

小林さんの本を読むと、この新しい知の地平、自然と人間との身体的な共鳴を誘う食文化的な風景論という学域には、まだまだ秘密が隠れているように思えてくる。ともかく様々な角度からの評価が可能な『食文化の風景学』はこのようにして、生活文化の放つ複雑なポリフォニーの味わいのなかに風景論を投げ込んだのである。

目次

目次

*1　人の知識や教養や感性に基づいて得られる知的味わい。

*2　酒食のとりもつ美的交流への誘い。

*3　心潤す美しい雨と出会いその風情を味わうこと。

第3章 体験と深度

*4 美しい食の演出を視覚的に味わうこと。

*5 料理人の技と食事作法との織りなす趣。

＊6
外気に包まれ、人の気配とともに食を楽しむという、野外特有の臨場感を五感全体で受ける味わい。

味わいのレッスン

風景を目利きし味の本質を見抜くことが健康な精神と身体をつくる

ご承知のとおり、現生人類の学名は「ホモ・サピエンス（*Homo sapiens*）」である。知恵のあるを意味する sapiens は、ラテン語の名詞としては賢人や哲人、分別ある美食家のことを指し、動詞 sapio には、味がわかる、賢明であり目が利く、洞察眼がある、という意味があるとされる。ただし、単に知識を持っているだけではだめで、自分の目、耳、鼻、皮膚、舌の五感で判断できる能力が求められているようだ。ならば、ホモ・サピエンスとは、風景を目利きし、食べ物の味の本質を見抜く力のある者、すなわち食と風景を味わう知性の持ち主をも指すといえる。この知性の力が、食と風景の一体的楽しみ方の幅を広げてきた。われわれ人類の原義に見えるその視点を終始大切にしたい。

さて、私は景観や食の問題に関心があるので、風景の収集家や美食家とはいわないまでも、出歩いては美しい眺めや楽しい食の場所を集めるのが好きである。また、正直にいえば、高名な食いしん坊たちへの憧れがあり、いつか名どころたらん彼らの足跡を巡礼したいと思っている。また、当然のことながら、食べること自体が好きで、うまい料理やうまい酒の話には目がない。好きが高じて台所に立ち、実際に創作料理を手がけることもある。外でおいしいものを食べると自分でも作ってみたいという衝動にかられるのである。褒められたい一心で、日頃家族に腕をふるっているのだが、気持ちとは裏腹に、かえって料理の奥の深さが見えてくるばかりで、その道に通じることなど所詮かなわぬ夢であると思うことしきりである。だから、料理の知恵と技以外で、食文化に与《くみ》できないものかとかねがね考えていた。当然のごとく思いついたのが、専門とする景観研究との重ね合わせである。というのは、料理は素人だが、景観研究では折りに触れて、味覚体験をも含めた五感の問題を、景観論的立場から取り込むようにしてきたからである。拙著『移ろいの風景論』[*1]や『風景の調律』[*2]などで少し踏み込んで言葉を残したのがそれである。つまり、この側面からはまんざら素人ではない。しかも、幸いといってはなんだが、筆者の知る限り、景観から食の問題にアプローチしているものは見あたらない。

本書は、新しい視野をもって発掘した「食」の事象に、これまで世に送り出した私なりの景観論を重ねたところに持ち味がある。それは、単なる食事の風景ではなく、食の文化と風景の文化とが相互に融和しその効果を高め合う事象をとりあげ、感性や五感の織りなす景観論として組み立てることである。自らの感性を鍛え、食の問題と風景の問題との知的交流を図り、身体や精神の健康を考える、また、食育を通して次世代へと伝えてゆく文化を見つめ直す――そのように構想した。この意気込みに免じて、要領の拙さは少々ご容赦願い、また、誤りがあれば、それぞれの碩学にお教えいただければと思っている。

＊1
『移ろいの風景論―五感・ことば・天気―』鹿島出版会、一九九三

＊2
『風景の調律―景観体験の構築―』鹿島出版会、一九九九

序章　食と風景の美意識

——景観論としての「食文化」

1　食文化の読み解きと景観工学

しなやかな学問として

景観とはわれわれの意識が生み出す現象である。私の専門とする景観工学[*1]は、主としてそれを操作論的立場[*2]から、視覚的な姿かたちの問題とその解釈の問題として論じてきた。工学的景観論は、土木構造物など寿命の長いものを対象としたデザインに主眼をおく。したがって、流行に呼応するといった比較的短命で終わることの多い商業デザインや工業デザインなどとは異なる視座が求められる。また、普遍性を持つ理論的な目で、国土の形姿から身のまわりの土木施設に至る土木空間の質の目利きもする。今日、その思潮の浸透と実践との甲斐あって、公共空間のデザインの質は着実に高まり、目にする機会も増えてきた。他の工学分野に比して若いこの学問は、工学と聞いてすぐに浮かぶイメージとはやや異なり、対象とするわが国の風景を固有の文化として見たというところにしなやかさがある。工学といいつつもその眼差《まなざ》しの訓練は、視知覚的解析はもとより、風景の古典をひもとき、それを貫く言葉を理解する素養を磨くことによってなされた。すなわち、景観体験の構造を理解するうえで欠かせない人文社会科学の諸分野や、実学の明かす工学的基礎理論とに多くを学んだ。景観独自の原理の発見と、それに基づく理論および技術的知識体系の構築とには、そうした下地がある。景観工学は、景観体験の質的向上と結びつく事柄なら宗旨を問わず取

＊1
景観工学の初期の代表的理論書には、『景観の構造』樋口忠彦著、技報堂出版、一九七五
『風景学入門』中村良夫著、中央公論新社、一九八二
『新体系土木工学59　土木景観計画』土木学会編、篠原修著、技報堂出版、一九八二
などがある。

＊2
景観を操作対象とみる立場。

り入れる自由で柔軟な学問といえる。景観を愛する先学と同様に、私もまたこの魅惑的な学風の虜《とりこ》にされた一人である。わが研究の構想はこの出会いでかなえられた。かくして、日本人の風景を見る目、すなわち風景観への影響が大である雨や雪など「気象」と「花鳥風月」に象徴される季節の移ろいとを主題に、その美的景観体験の構造を視知覚現象のみならず五感的現象として捉え、さらにその意味解釈を言語化の問題として手がけることができた。*3

こうして培った景観工学の目で、食の景観デザインについて考えてみようと思う。いささか気負ったが、ここでいう景観デザインとは、モノの形姿をあれこれ思案することを指すような、いわゆるデザインと聞いて、われわれがポピュラーにイメージするものとは異なり、モノを造形することはもちろん、景色を創造したり、それを人間の目や耳や手や鼻や口がどのように捉えるのか、さらにそれぞれの人間が属する社会集団がどのように意味づけし文化として共有してゆくか、といった事柄を包含するものである。やや広い概念だが、これを用いて種々の事象を読み解き、食の景観を創造する者と享受する者との構想力や想像力の交流に幾分でも迫れればと思う。

*3
たとえば、雨の美的体験については拙著『雨の景観への招待―名雨のすすめ―』彰国社、一九九六、に詳しい。特に副題の名雨（めいう：名のある雨）とは、優れた音楽や絵を名曲、名画というように、雨にも人々に愛され共有されている風景があることを指す。名雨には、日常景のなかにある美しい雨もあるし、映画や小説、和歌や俳句などに描写された情景もある。また、一人ひとりの忘れがたい雨のシーンや体験なども指す。

食と景のあいだに美は成立するか

風景の心を読み取る五感の働きと、身体感覚が紡ぎ出してきた風景解釈の言葉の作用とが気づかせてくれたなかに、総合的な感覚としての「食」の重要性がある。景観を学ぶ者ならずとも惹かれるこのテーマを、ましてや観光や食べることへの興味の尽きない私とすれば、とうてい見逃すことはできない。

周知のとおり、飲食行為は、われわれの生理的・心理的・身体的満足と直結する事柄を数多く含み、また、個体の生命維持という本能的レベルから、美的感動を呼び覚ましたり民族の文化的アイデンティティを決定するような精神的・理性的レベルまで、幅の広がりと階層性とを持っている。これまで飲食に関しては、理化学系、人文・社会科学系とを問わず扱われ、それぞれ科学的な研究に基づき多くの成果が収められてきたといえる。しかし、「美」という観点では研究対象としての伝統を十分には持っていない。味覚というプリミティブな感覚は、プラトンやアリストテレス以来、感覚の位階序列[*4]において「低級感覚」と位置づけられ、近代のデカルトやカントに至ってもそれが歴然と生き続けた。二〇世紀になってようやく、美学的、哲学的言説のなかに登場するようになるまで、長い歴史的現実を通じて美的考察の対象からは除外されがちであった。美の問題を回避できない、というよりむしろ進んで美を工学的に扱わねばならない景観工学にあっても、「飲食」は未開拓の領域であった。とはいえ、澪筋《みおすじ》も見つからぬまま研究へと漕ぎ出してもさしたる実は得られない。ここで光をあてるのは、単なる栄養摂取ではなく、食べ物の獲得から口に至る過程でわれわれの心身を惹きつける興味深い人為、すなわち食材の選定、料理、食事の演出、等に見る美しい文化としての食である。美しい風景との誼《よしみ》もそのプロセスで現れる。

それぞれが単独に語られることの多い食と風景とを往き来しながら、両者を縁づける事象を掘り起こす学問的な取組みを、無理を承知で始めた。次に、よく知られた例

*4　視覚が優位となされてきた。

に範をとり、本書の考えるところを共有したい。

食と風景の相性と読み解きの符号

山河の自然や都市の人工を、ただ漠然と眺めるのではなく、日常の生活に美しく取り込む伝統は、見晴らし、パノラマ、借景、等々の眺めの言葉とともによく知られている。

まず、自然景観に目をやれば、眺めの古典ともいえるものに「雪月花」[*5]がある。それぞれ「雪見、月見、花見」の行為が知られている。これらは、自然美礼讃とそれを愛でることを表すものとして日本の風土に暮らす人々の間で市民権を得た象徴的な言葉、そして概念である。今日まで「食の文化」「風景の文化」を知るうえで、重要なキーワードになっている。このことを物語る典型が、たとえば日常生活のなかに自然を美しく取り込む態度の極み、茶の湯である。茶道では雪月花の心をもととする自然思慕の念が重要な働きをなしてきた。また、脳裏に浮かぶ「雪見、月見、花見」の情景には、時代時代で変容はあるものの、大抵の場合、楽しみと喜びに満ちた酒食が寄り添う。酒食というと、にわかに顔をしかめる者もいるが、単に酔って騒ぐような、やや品位に欠けるものばかりではない。宴を設け風景を愛でるという昔からの生活行事には、居合わせた者同士が、自然をも含めた人間の連帯感、一体感を確認し、共に生きている喜びを味わうという重要な意義が根底にある。そして一連の行為のシステム全体が、風流や粋、侘び寂びといった精神と結ばれ、美的体験の一様式にまで高め

＊5　移ろう季節の味わいを象徴するものとして「花鳥風月雪」がシンボルとされた。「花鳥風月」の言葉ともども用いられる。これらの言葉のイメージが宿す自然というものは、単なる物的な表象はすり抜けて、その背後に広がる人間と自然との関係をも意味している。

られたものがあるのは周知のとおりである。

ひるがえって、都市景観の新しいところでは、たとえば「夜景遊宴」（第5章3参照）とでも呼びたいような食事の場面がある。現代のわれわれは、科学技術の支援で力強い照明力や多彩な色の力を得、パノラミックな都市の夜景を日常的に楽しめるまでになった。テーブルの上にはキャンドルライト、眼下にはイルミネーション、美しいナイトスケープが視点場とともに見出され、食と共鳴する。今日、風景と食との融合を楽しむ場所として、数々の夜景スポットが提供されている。風景と食との相性を物語る食事史上の幸せな出来事の一つといえる。

このように、美しい景色が「食事」を楽しむための「道具」になるというすこぶる重要な相性は、われわれの生活にしっかりと染み込んでいる。そればかりではなく、先達が苦労して積み上げてきた数々の美的発見や創意工夫が証すように、食と景が互いに高め合う多くの名所が誕生してきた。だが、その延長に暮らす現在、この相性のよさは、創出する側と享受する側の双方に問題があるのか、広がりの点でも深さの点でも、さほど進展を見ていないように思える。景観問題が世論にとりあげられて久しいにもかかわらず、いまもって風景の劣悪化・貧困化はおさまらず、景色を愛で飲食を楽しむ場所の不足や、楽しむ人間の未熟さの課題が、解決しきれないでいるからである。こうした問題へのアプローチも、本書で大切にしているところである。

2　美し考《うま》——「味わう」ということ

時折耳にするように、われわれは日常語として食も風景も共に味わうという。そこに美学的な命題を私は感じるのだが——食の風景観賞の原点として「味わう」ということを通しての美意識について考えてみたい。いったいこの言葉はどのような場面で用いられているのだろうか。『日本国語大辞典』*6の説明には、

【あじわう】:【味—】

①味見をする。食物のもつうまさをかみしめながら食べる。②物事の意義や趣を深く考える。玩味する。③経験して深く印象に残す。体験する。

とある。これを見る限りでも、この言葉が単なる味覚の問題にとどまるものではないことがわかる。しかも、本書の最初に触れた現生人類の学名「ホモ・サピエンス」の語源、動詞「サピオー」の意味に通じるところがあるのも、いっそう興味深い。

ところで、味わうことの評価として、同じく日常的に「おいしい」「びみ」「うまい」という。そのなかでもとりわけ注目したいのが「うまい」である。というのは、「おいしい」や「びみ」がきわめて簡潔に記されているのに比べると、「うまい」は解釈が少々難しい。派生語や関連語が多く、意味が多様で重層的なのである。『日本国

*6　『日本国語大辞典　第二版』日本国語大辞典第二版編集委員会・小学館国語辞典編集部編集、小学館、二〇〇四

語大辞典』を再び眺めることにしよう。「おいしい」と「びみ」の説明は次のとおりである。

【お‐いし・い】:【美味・旨味】(形口)[*7]
味がよいの意の女房詞「いしい」に、接頭語「お」の付いた語、①物の味がよい。うまい。②比喩的に物事が好ましい状態である。自分にとって都合がよい。＊江戸時代の本に出現している。

【びみ】:【美味】(名)
うまいあじ。また、その食べ物。美食。＊霊異記(八一〇～八二四)中・三四「大櫃(ひつ)に百味の飲食(おんじき)を具へ納め、美味芬馥(ふんふく)して、具はらぬ物なく」

以上のように、関連する言葉も特に見あたらず、意味もほぼ味覚印象の域を出ないことがわかる。ところが「うまい」はというと、関連する言葉を拾い上げれば、「うま」に始まり「うま・い」「うま。し」[*8]等々と、次に示すように続く。少々長くなるが、それぞれの説明を抜き出してみよう。

【うま】:【味・甘】(語素)
ク活用形容詞「うまし」の語幹。体言に付く。立派である、すぐれているの意

＊7
(形口)形容詞口語形活用。文語形と口語形とが存在するものは、口語形が本見出しとなっている。

＊8
見出しの中に示すかな以外の記号については『日本国語大辞典』の説明に次のようにある。
1　見出しの語の構成を考えて、最後の結合点がはっきりするものには、結合箇所に‐(ハイフン)を入れる。ただし、姓名等を除いた固有名詞・方言などには入れない場合が多い。
2　活用する言葉には、活用語尾の上に「・」を入れる。シク活用形容詞は、口語における語幹がそのまま終止形であるが、語尾の「し」の上に特に「。」を入れる。

を表す。①味のよい意を表す。「味酒（うまざけ）」「味飯（うまいい）」②身分の高いこと、生まれの尊貴なことを表す。「うま人」③眠りの度合いの深いことを表す。「熟寝（うまい、うまいね）」④りっぱである。美しい。「うまこり」

【うま・い】：【旨・甘・味・美】（形口）（文：うま・し（形ク））（平安以降には「むまし」とも表記）①味覚・感覚を満足させるような快い味わいについていう。味がよい。おいしい。美味である。また、よい香りである。

【うま。し】：【味・美・甘】（形シク）

人または事物に対する満足や賛美の気持ちを表す。すばらしい。よい。りっぱだ。＊日本書紀（七二〇）神代下「乃ち無目籠（まなしかたま）を作りて、彦火火出見尊を籠の中に内（い）れ、之を海に沈む。即ち自然（おのづからに）可怜（ウマシ）小汀（はま）有り〈可怜、此をば于麻師（ウマシ）と云ふ。汀、此をは波麻（はま）と云ふ〉＊万葉集（八世紀後）一・二「怜忦（うまし）国そ　あきづ島　大和「（やまと）の国は〈欽明天皇〉＊竹取物語（九世紀末〜一〇世紀初）「なんでふ心地すれば、かく物を思ひたるさまにて月を見給ふぞ、「うましき世に」、補注「うまし」の形で下の体言を修飾する用法は上代に見られる。「うまし」には、ク活用とシク活用があったと思われ、シク活用は、快い、すばらしい、結構だなど、その対象に対する主観的な情意を表し、ク活用はその対象自体の状態を表現していると考えられている。ただし、明らかにク活用と認められる例はきわめてまれで、竹取物語の例も諸本により異同がある。

【うましあしかびひこじ‐の‐かみ】：【可美葦牙彦舅神】

記紀神話で、国土がまだ脂（あぶら）のように漂って固定していなかったとき、葦が萌え出るようにして生まれた神。国土の成長力を神格化したもの。

【うまし‐か】：【味香】（名）

「うまし」はシク活用形容詞「うまし」の語幹。よい香り。

【うまし‐くに】：【味国】（名）

よい国。りっぱな国。美しい国。＊日本書紀（七二〇）垂仁二五年三月（熱田本訓）「是の神風の伊勢国は、常世（とこよ）の波の重浪（しきなみ）帰（よ）する国なり。傍国（かたくに）の怜㤢国（ウマシくに）なり」〈舒明天皇の御代——天皇が香具山に登らせられて、国見せられた時の御製[*9]——「大和には群山（むらやま）あれど　とりよろふ天の香具山　登り立ち国見をすれば　国《くに》原《ばら》は煙立ち立つ　海原は鷗《かまめ》立ち立つ　可怜国《うましくに》ぞ　蜻蛉洲《あきづしま》大和の国は」〉

＊9　詞書き部分、筆者加筆。

【うまし‐もの】：【味物】（名）

りっぱなもの。すばらしいもの。＊万葉集（八世紀後）一一巻・二七五〇番「吾妹子（わぎもこ）に逢はず久しも馬下乃（うましもノ）阿部（あへ）橘のこけ生（む）すまでに〈作者未詳〉＊万葉（八世紀後）一六巻・三八二一番「美麗物（うましもの）いづく飽かじを尺度（さかと）らが角（つの）のふくれにしぐひ逢ひにけむ〈児部女王〉

【うま‐ひと】：【味人】（名）
「うまびと」ともいう。身分、家柄のよい人。りっぱな人。貴人。
【うまひと‐さ・ぶ】：【味人─】（自バ上二）（「さぶ」は接尾語）
貴人らしくふるまう。貴人ぶる。
【うま‐ら】：【旨─・甘─・美─】（形動）
形容詞「うまし」の語幹に接尾語「ら」の付いたもの。①味のよいさま。おいしいさま。＊日本書紀（七二〇）応神一九年一〇月・歌謡「横臼（よくす）に醸（か）める大御酒　宇摩羅珥（ウマラニ）聞こしもち飲（を）せ　まろが親（ち）②気持ちのよいさま。快いさま。

以上のように、味覚印象の評価や心地よさはもちろんのこと、人物の品格や家柄、神話に登場する神の名、満ち足りたよい国と考え「美し国《うま》」と称すなど、国土の形姿の評価にまで及んでいることがわかる。批判を恐れずにそれらを大づかみにまとめれば、五感を満足させること、そして美意識にかかわること、の二つが「うまし」の意味の根幹をなすといえる。歴史的に見ても、食べ物にも景色の評価にも使われてきたのは当然であることがわかる。まさに、われわれ日本人が「味覚印象」も「風景」も同じ美的感覚で受け止めてきたことを物語る言葉なのである。

味わいとは様々な段階があっていいし、しかも重ねてゆくものである。美的鑑賞対象として食事や種々の風物を味わった先に「うまし」があるのだろう。

さて、われわれが共有してきた風景の美しさや食事の幸せは、あらゆる領域で人類が生産してきた知恵のたまものである。が、現代は人類の生存環境が混沌とし、国々の美しい風景遺産や食のアイデンティティすら危うい状況にある。こういう殺伐とした世の中であればこそ、食べることと風景とのかかわりの本質的意味を問う心の時間が必要であろう。時代時代で新しい風景観や食事観の誕生をみてきたように、現代のわれわれにもまた、風景と食の手になる文化の蓄積をもっとよいものに育てて次世代へと引き渡す義務がある。「美し」の言葉の導くままに、景観研究者としてよき観法を身につけ、その羅針盤の一角を担いたいと思う。それと、繰り返し強調するが、食事とは五感を使う喜びの場である。彩りや匂いや音などを享受するための感覚はもちろんのこと、たとえば箸という食具一つをとっても、それが指先の感触の延長として食べ物の固さや柔らかさの知覚と不可分である。しかも仕草一つ一つが美的対象となる。風景の美しい体験もまた身体感覚をもって楽しむのを常とする。だから、食と風景とを結べば五感の重層化が図られ、美観も味わいも一段と深みを増すはずである。一人ひとりが自分の感性と美意識を高めるためにも、土地土地の景色や食を精度の高いセンサーで極め、五感の歓びを現実のものとする努力が重ねて求められるのである。

序章の最後に、本書におけるテーマのとりあげ方と各章の概要とについて簡単に述べておきたい。

私は、農家の軒端で目にする丁寧に干された柿や大根に風情を感じるし、千利休や小堀遠州などの茶礼に見る美意識と芸術化の問題にも興味がある。もちろん、伝統と格式のある料亭料理の雰囲気も、温泉宿の温かいもてなしも、都会の洒落たレストランの華やぎも、みんな大好きである。食と風景との結縁という意識で眺めると、様々な事柄が気になる。だから、わが興味に応じて関連する事柄を時代も場所も自由にめぐって探すこととした。

「第1章　感受と発露」では、眺める水や味わう水の話題を通して、五感的景観体験の楽しさを考えた。また、よい景色の発見など景観現象への高度な働きかけを支える知的レッスンの具体例を示した。さらに、名水の地の訪ね方、風情ある水の楽しみ方、おいしい水を前提にする酒とその酒が媒介する景観イメージ、そして水の原点としての「雨」の景観とともに楽しむ飲食行為についても言及した。

「第2章　解釈と操作」では、風景解釈の伝統を、音、看板、店舗、料理、背景、などの表象を通して考えつつ、人の視線と眺める対象との操作論的関係を探った。もう少し噛み砕くと、音のシンボル性と食体験における役割、食の場面を演出する音の意味、品格や風土や季節などを反映する店構え、品揃えなどの記号性とディスプレイ手法、食の場面を引き立てる背景、となる。特に、名前の宿す風景イメージや味覚印象の増幅効果を言語化の問題として考えた。

「第3章　体験と深度」では、飲食の場面を支える演出装置、花見の古典的体験モデルと「花」観賞の景観構造、食材生産における伝統と技術などに学びつつ、景観体験の質を高めるための知的レッスン、知的情報の授受、空間の持つ社交性について考えた。

「第4章　規範と観賞」では、目に見えない気配がその場の印象を大きく左右する問題、視線の規範と飲食行為の規範との交わり、眺める行為に取り込まれる「食」の意味、美しい眺めを導く「枠取り」の方法や眺めの「型」、などについて考えた。

「第5章　様式と意匠」では、食具や景色など飲食の道具立てにおける色の問題、そして他章で拾いきれなかった話題を二つ、「夜景遊宴」と「目のご馳走」としてとりあげた。

以上、各章のタイトルにも「景観論」としての趣向と気持ちを込めたつもりである。食と風景とを結ぶ表象、あるいは先達が苦労して積み上げてきた創意工夫や美的表出に出会うたびに、この国に生まれし幸運を思う。

第1章　感受と発露

1　名水遊行《ゆぎょう》──風情ある水の味わい

いわゆる「水を飲む」ならふだん誰もがする。「うまさ」を感じるための状況や水の性質については、常識的に知られていることに、喉《のど》の渇き、体温との温度差（たとえば二〇～二五度程度）、体内の水分バランスが崩れたときの脱水状態、などの生理的感覚や、もう少し科学的になって、水道法[*1]でいう硬度（炭酸カルシウムに換算して、一度は一ミリグラム／一リットル、おおむね三〇～一〇〇度くらいが評価が高いという）、炭酸や含有酸素などの微妙な味覚効果、カルシウムなどが苦みや渋み等の雑味を不溶性にする働き、などの化学的性質が持ち出される。こうした意味での「うまい水」なら、望めばたいてい手に入る。しかし、風情ある水の味わいとなるとやや事情が違う。そうそうめぐり会えるものではない。私事を引き合いに出して恐縮だが、そう考えてふっと頭をよぎる懐かしい情景がある。

確か六月の初めだったと思う。前日の午後からその寺で修行の真似事をしていた。夜が白む頃にはすでに目が覚めていた。滋味豊かながら質素な夕餉《ゆうげ》と早い就寝のためである。定刻を待ち、身仕度をととのえ、やや空腹感をおぼえたが、気を取り直して座禅堂へと向かった。寺は、越前の国、名水の里「大野」、清滝川の奥の奥に座す宝《ほう》慶寺《きょうじ》[*2]である。「日本曹洞宗第二道場」と称し、永平寺開山の道元禅師の徳風を慕って来朝した宋僧寂円禅師の開山と伝わる。

＊1
一九五七年に制定。上水道の布設や管理を適正かつ合理的なものにして、低廉で一定水質基準以上の供給を図り、公衆衛生の向上と生活環境の改善に寄与することを目的とする法律。

＊2
弘長元（一二六一）年開山と伝わる。当初は七堂伽藍を備えていたが、天正年間（一五七二～一五九二）兵火にかかり、全山灰燼に帰す。現在の堂宇は明治以降の再建で、本堂、庫裏、山門、開山堂、宿坊を備え、禅修行の場として門戸を開いている。

さて、静座して沈思黙念といきたいが、動いてはいけない、考えてはいけない、と思えば思うほど雑念がすぐに浮かぶ。挙げ句の果ては振り払えずに、早く過ぎてしまえばいいとひたすら願っている自分がいた。神経のピリピリするとても長い時間であった。足のしびれのおさまる間もなく、朝の勤行《ごんぎょう》へと進む。和尚の読経の響きは独特の音色と音圧で、耳を傾けるこちらの身体に染み入る。最後に「般若心経」の唱和で終えた。

呼び水としてこの場に引き出したいのはそのあとの情景である。ふーっと心と体が解かれた感覚と、口に含んだ水の感触、名樹「義雲杉」や、よく手の入った境内の眺め、早朝のしめやかな大気を鼻や口といわず全身で含む、五感に訴えるこうした偶然の演出で、しかもこの場のみで成立する水の味わいがそこにあった。そして、その場の雰囲気に促されて、

水音のたえずして御仏とあり

の句を連想した。水呑み俳人として知られる種田山頭火が、永平寺の近くで詠んだ句である。

続く食事も味わい深かった。食事訓（五観の偈）を唱え、寺の厳しい作法に則り、典座《てんぞ》（食事などを扱う役僧の名）の技労のこもる食《じき》を受ける。粥、香菜、胡麻塩、白湯の味わいが境内の眺めとともにある。それぞれを場の雰囲気とは別に単独で取り出

しても、あの深い味わいは生まれ得ない。水の味わいともども、やはり「禅寺の朝」のみがなしえる風情であった。

さて、話をもとに戻し、ここで重要なのは、景観体験として風情ある水をどのように探し、いかに飲むかということである。自らの心構えの問題は当たり前として、この機会を捉え、大方の人間に共通する見解をさらりとおさらいしよう。自分なりの味わいを模索するヒントにしたい。

五官味[*3]と「知味」

まず、名水の味わいの中味を整頓したい。ここで用いる味わいとは、単なる味覚印象にとどまらず、感官への刺激さらにはその場で浮かぶ想念の作用――水場の有する種々の言語情報が奏でる知的反応をいい、各人の知識や教養に基づくであろうそれを「知味《ちみ》」と呼ぼう――の結果、すなわち「五官味と知味の融合」という意見に賛同を得られればと思う。これを概念的に示したのが図１-１である。そしてこの味わいが、実際の体験プロセスに沿うと「名水体験モデル」（図１-２）のようになる。

最初は五官味（視覚、聴覚、嗅覚、触覚、味覚、で味わうこと）であるが、図で示したように水場へのアプローチの過程で登場する。すなわち①目で味わう→眺めの水、②耳で味わう→音の水、③肌で味わう（掌、指先、足、顔など）→触る水、④鼻で味わう→匂いの水と大気の匂い、⑤口（舌と喉）で味わう→飲む水、である。こうして各感官への直截的刺激が有機的に反応し複合的な感覚の印象が生成される。ただ

＊3
「五官」という言葉は視覚、聴覚、嗅覚、味覚、触覚の五つを感覚する器官のことを指し、本書では目、耳、鼻、舌、皮膚、それぞれの器官としてのイメージに重きをおいて使っている。

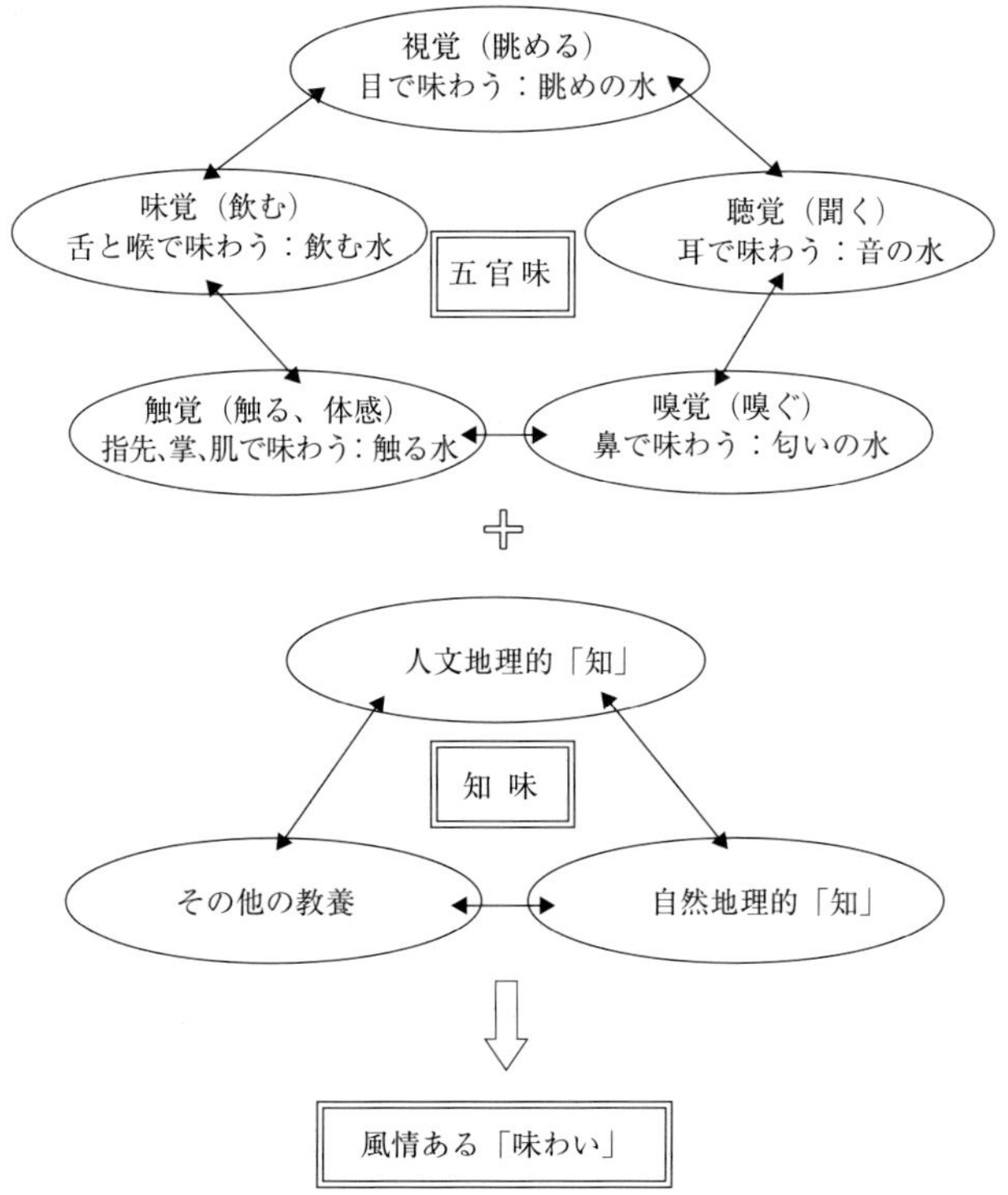

図 1-1 「味わい」の成り立ち

図 1-2 名水体験モデル

しこの印象は、春先や盛夏、晩秋や冬では水の冷たさの印象が異なることや、月ごとの快い気温や湿度が異なるように*4、景色の移ろいや季節感、体感温度などによって揺らぐものである（拙著『移ろいの風景論』第一章、鹿島出版会、一九九三）。水を愛でることにおいて、一般的に手足や口で水の冷たさを味わうのは夏、それ以外の季節は眺めることが優る。

それはそれとして、試みだが「名水百選*5（旧環境庁選）」をはじめとする全国各地に散見する水場のデータを手がかりに、五官味を支えるであろう景観的特徴のいくつかを拾い上げ、「名水の景観様式」（図1-3）としてまとめてみた。名水の景観は、立地、湧水形態、水場の構成要素、の組合わせで生成される（図1-4〜図1-11）。名水の景観まとめを通して見えてきたのは、神秘的な地相、美瀑や清流、神聖な岩組、シンボリックな樹木、祠や社、清潔な湧水口、等々の重要性である。

景観様式としては以上のとおりであるが、もう一点、印象の良否を決定するうえで見逃せないことがある。それは湧水地の守られ方である。たとえ、名水百選に名を連ねていても、「名水」を食いものにして店の客引きばかりにしのぎを削るような水場は見るに堪えない。水場をとりまく住民の意識が「商売」にとらわれてしまえば、美しい水の景観も台無しである。水場の維持管理は、そこに住まう人々の精神レベルを映し出すのである。

＊4
たとえば、横浜測候所の調査記録によると、快い気温は、四月が約一二・八度、五月が約一六・七度、八月が約二四・一度、九月が約二一・五度、であるという。

＊5
旧環境庁水質保全局が一九八五年七月に発表。国民の水質保全に対する意識啓発、水資源・水環境の保護の呼びかけ、保全活動の顕彰、などに選定のねらいがある。全国各地の市町村からの推薦七八四か所から一〇〇か所が選ばれた。水質、水量、周辺環境、親水性、保全活動の状況、規模、故事来歴、希少性、特異性、著名度、などの観点から選ばれ、内訳は、湧水七七、河川水一七、用水一、地下水五、である。

名水の景観様式 ＝ 立地 × 湧水形態 × 水場の構成要素

〈立　地〉

市街地、郊外、里（農村集落）、歴史的町並み（宿場町、門前町他）、寺社境内、山中（山道）、山里（山岸、路傍）、渓谷（源流、路傍）、海辺（海岸、砂州他）、その他

×

〈湧水形態〉

泉、清水、滴り、噴井

豊かな池、水場の名称となる。
例：御手洗池、鏡池等

×

〈水場の構成要素〉

シンボル樹、水神の祠、水神の小社、自然的岩組、造園的装置（井戸、湧水口、分水装置）、美瀑、美しい微地形、その他

●寺社の境内の一隅から湧出する。それが水場の名称となることがある。
例：観音清水（青森県平賀町、群馬県高崎市）、不動清水（福島県天栄村）、御神水（京都府貴船神社、奈良県桜井市三輪狭井神社、茨城県筑波山神社）

●名所の中に存在する。
例：和歌の名所（歌枕の地）に湧く。

●木の根本から湧く。木には桂、桜、樅、榎、槇、栃、櫟、欅、杉、銀杏、藤などが知られる。これらは目印になることがある。またそれが水場の名称になることがある。
例：桂清水（岩手県二戸市）、三本杉の清水（秋田県大仙市）、桜清水（福島県棚倉町）、他

●石の祠の下や脇から湧く。清浄な空間であると考え水神を祀る。
例：ミズハノメ、タカオカミ、クラオカミ、弁財天、龍神、他

●人工的な分水装置がある。
例：三分一湧水（山梨県北杜市）、他

●聖域、神秘的な環境と見なされる。神聖で美しい地形、滝、樹、岩がある。
例：貴船川沿い、丹生川沿い、他

●古道の道辺や峠の傍らに湧く。旧街道・古刹や古社の参道に湧出して旅人に提供される。

●造園的な空間整備がなされよく管理されている。よい岩組があり湧出口がよく手入れされている。

図 1-3　名水の景観様式

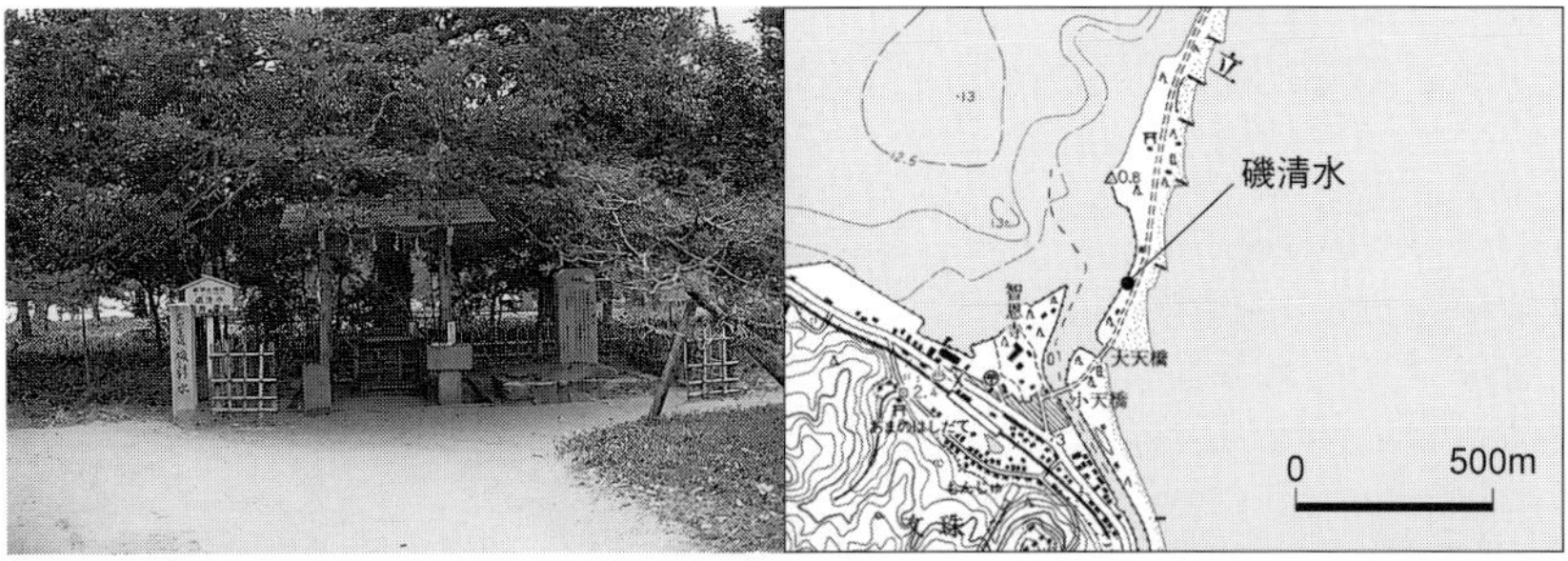

図 1-4　立地（砂州）：天橋立の「磯清水」（京都府）［スケールは図 1 - 4 ～図 1 - 11 まで共通］

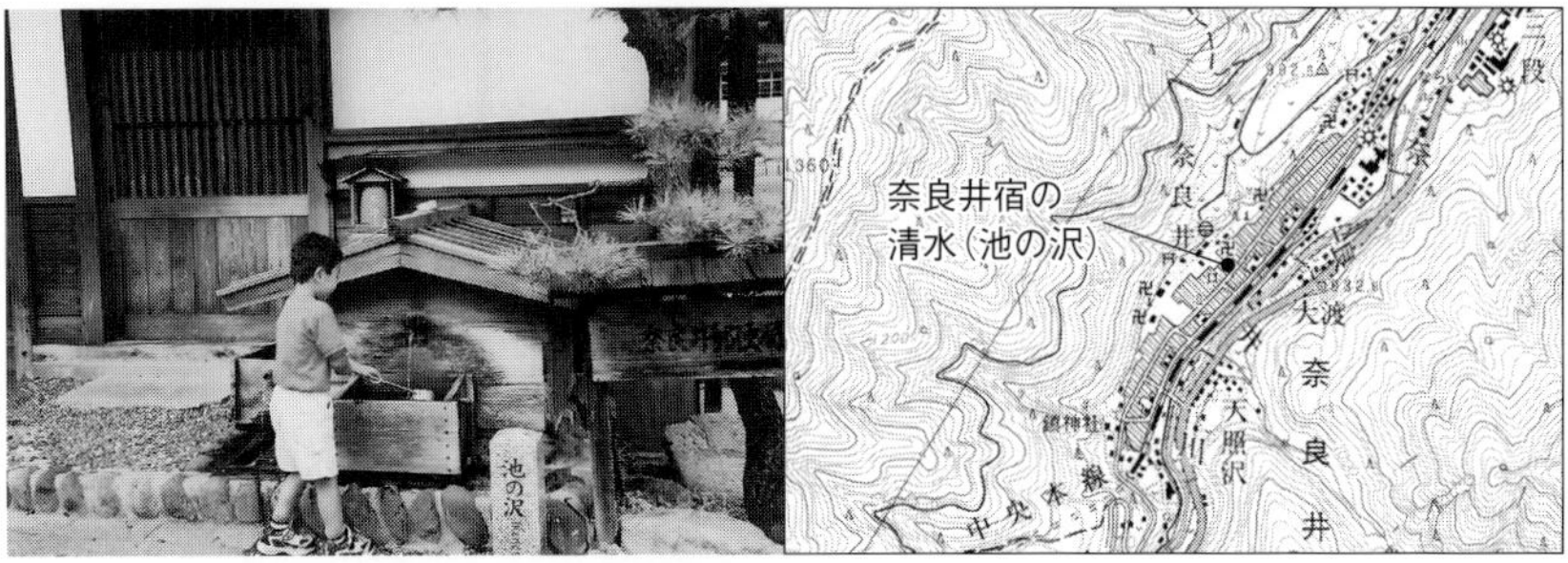

図 1-5　立地（旧街道の宿場町）：奈良井宿の清水（池の沢）（長野県）

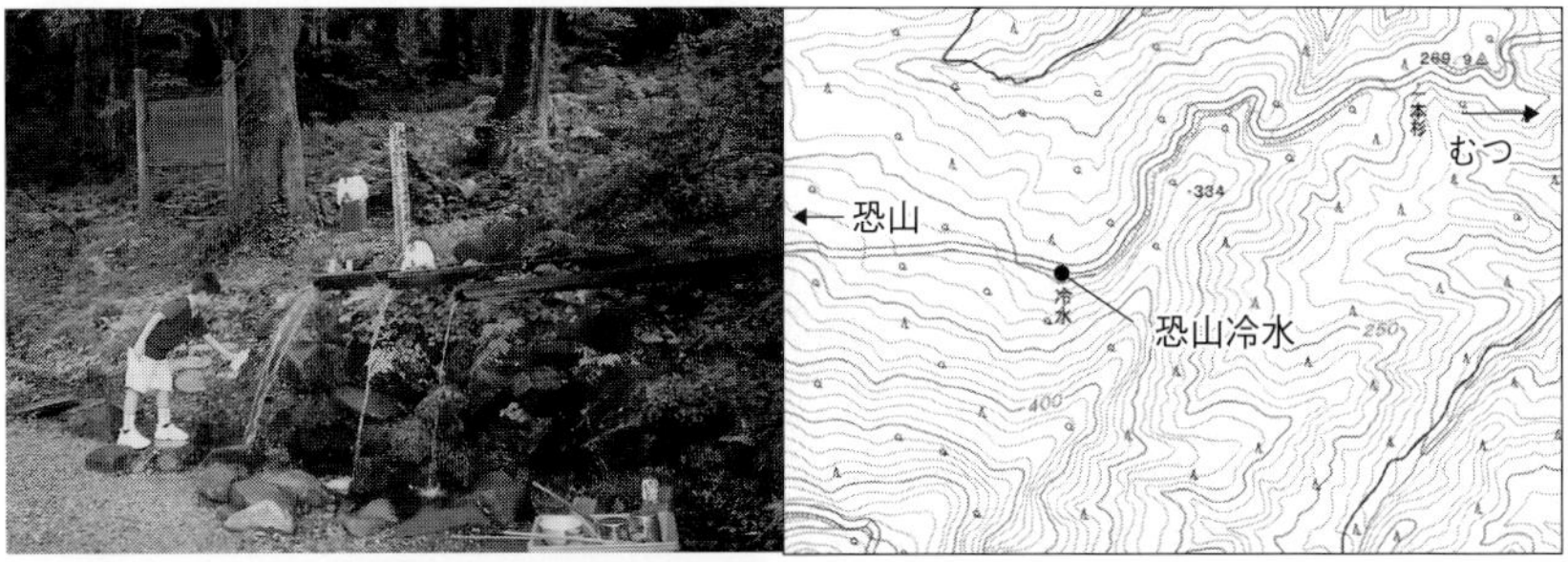

図 1-6　立地（霊地に至る山中）：恐山冷水（青森県）

図 1-7　湧水形態（神社境内の泉）：鹿島神宮「御手洗池」（茨城県）

図 1-8　湧水形態（滴り）：白糸の滝（長野県）

図 1-9　水場の構成要素（分水の石）：三分一湧水（山梨県）

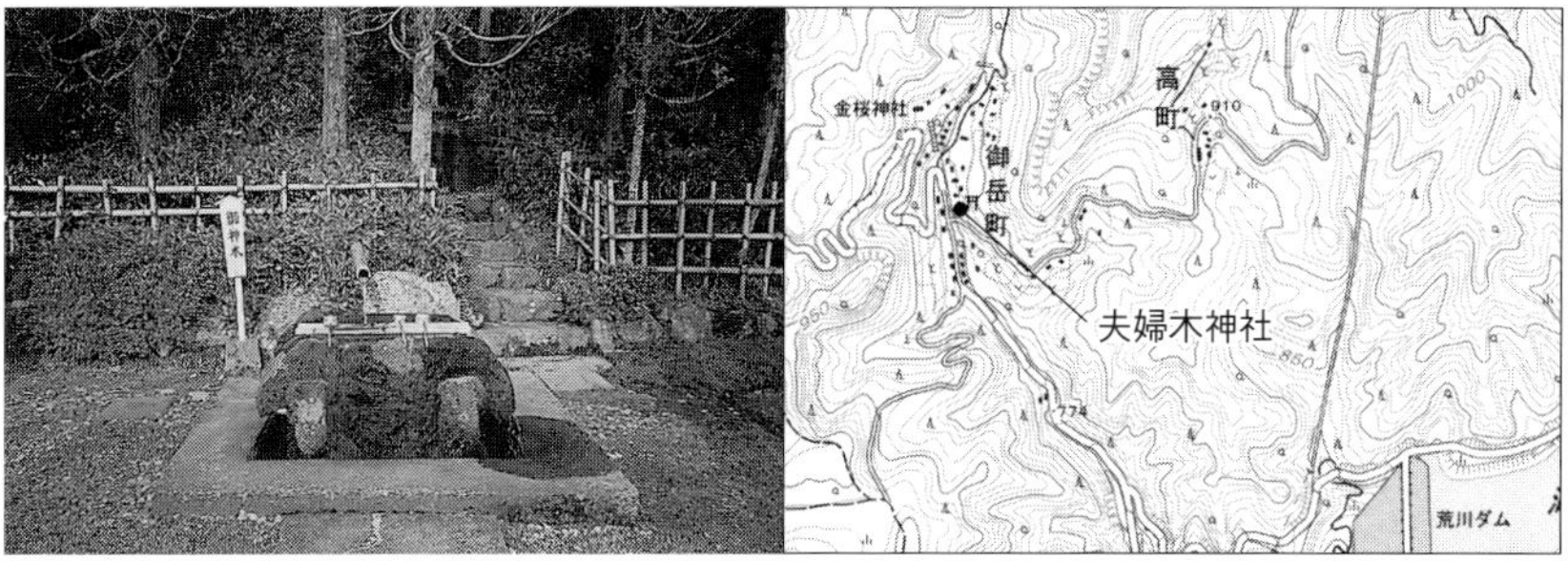

図 1-10　水場の構成要素（石組み）：夫婦木神社の湧水（山梨県）

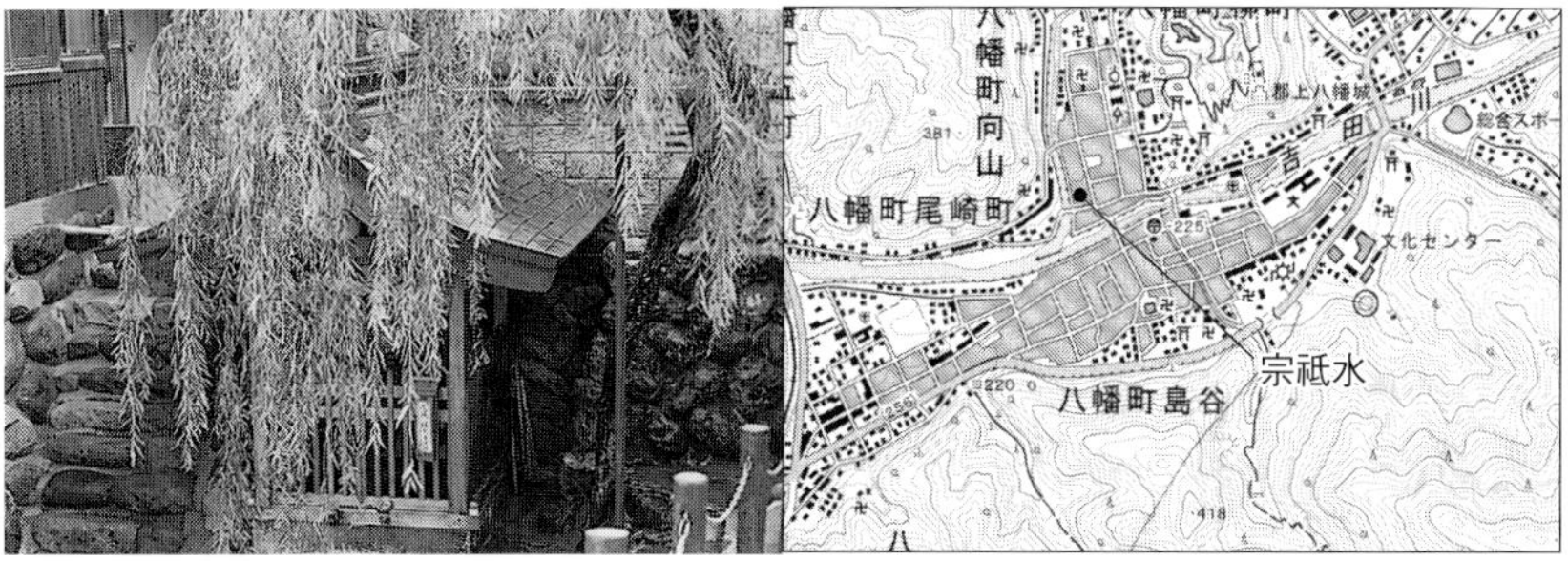

図 1-11　水場の構成要素（祠）：連歌師、飯尾宗祇ゆかりの清水（岐阜県）

知味の指すもの

さて、続いて知味である。名水には、名水の数だけ、それぞれの物語がある。水場が積み重ねてきた歴史的文化的現象である知味を支える言語情報は、たいていの場合、知れば知るほど水場の景観体験を楽しいものとしよう（図1-12）。とりあえず地名や湧水の名称などが、その語感を含めておもしろい。それに教養として、神話の時代から登場する日本固有の水の神[*6]であるミズハノメ、クラオカミ、タカオカミの話や、金比羅、龍神、弁財天など外来の神[*7]の素性を知るのも楽しい。が、なかでも私の興味をひくのは、由緒にからむ歴史上の人物である。具体的にあげると、この点で史上最強といえるのは空海（弘法大師）で、彼に縁の「清水」や「井戸」は数知れない。「加持祈祷し、独鈷《とっこ》や錫杖《しゃくじょう》で地を叩き清水を湧出させた」という話は全国各地に散っている（図1-13）。

「弘法清水」ほどでなくとも、その類の話はたくさんある。ほかにも発見者として伝教大師、行基、慈覚大師、日蓮上人などがよく知られている。水場の故事と登場人物もおもしろい。こちらのほうも、ヤマトタケル、天皇、役行者、西行、宗祇、雪舟、弁慶、信玄など戦国大名ほか、幕藩時代の各地の殿様等々、実在の、あるいは伝説上の人物が名を連ねる。水の用途なども見逃せない。調べた範囲では、禊ぎの水、眼洗い、長寿の水、知恵の水、化粧水、等々のいわゆる効能が見える。私は、真偽はあえて問わずに、伝承や伝説そのままに味わうことにしている。地形図で想像をめぐらし、彼らの縁の地を気の向くままに訪ね歩き、その面影とともに味わう。心や時間

＊6
たとえば、ミズハノメ（水速女命）とは水を司る神、クラオカミ（闇オカミ）とは谷の龍神、タカオカミ（高オカミ）とは山の龍神、を意味する。

＊7
たとえば、金比羅（コンピラ、梵語でKumbhira）は薬師十二神将の一つで海神とされる。龍神は、仏教における八大龍王の内の娑伽羅（シャガラ）龍王が海や雨を司るとされるところから航海の守護や雨乞いの本尊となされた。弁財天（梵語でSarasvati）は、河川を神格化したもの、それを受けて雨の神としても信仰された。

●名のある水場には、川、泉、清水、湧水、井戸、疣水（いぼみず）、神水、養水、御香水、冷泉、樋川、沢、源泉、源水、大清水、霊泉、冷水、霊水、うちぬき、等の名称が付く。また、各名称に冠せられるのは、地名（場所）、人物由来、用途由来、目印由来、由緒由来、そばにあるもの（かたち・音）、味（甘露）、等である。

●発見者には、弘法大師、伝教大師、行基、役行者、日蓮上人、親鸞上人、慈覚大師、菅原道真、泰登上人、源義家、等が伝わる。
＊水を湧出させた伝承→夢のお告げ、お礼等。

●関わりを持った人物には、天皇（献上、飲水、御膳水）、各地の殿様（清水を献上、茶立て用の水）、歴史上の人物（ヤマトタケル、西行、宗祇、二条関白、雪舟、和泉式部、源義家、弁慶、春日局）、他が知られている。

●用途・効能には、飲み水のほかに、砂金洗い（砂金伝説）、太刀洗い、安産、疣が消える、火傷、眼洗い（眼病）、美顔（化粧水）、長寿（不老）、禊ぎ（御手洗、浄めの水）、茶立て、硯水、酒などの仕込み水、知恵の水、産湯の水、末期の水、等がある。

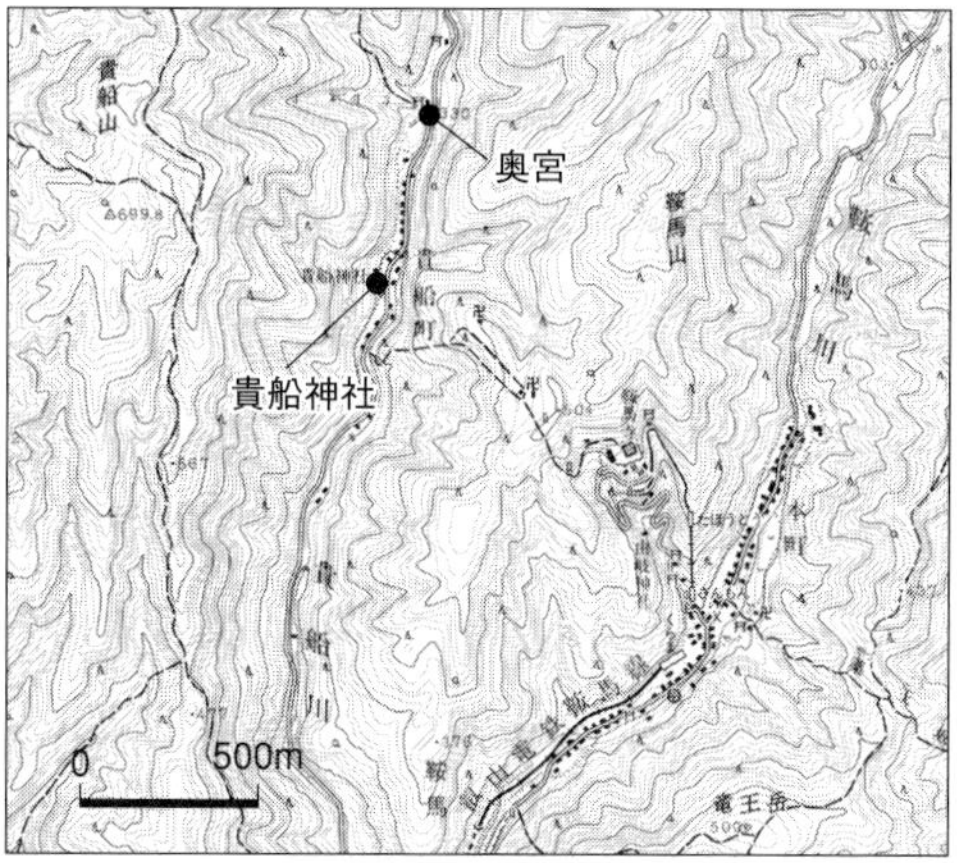

●貴船神社は、古来知られた雨乞いの聖地、クラオカミ(谷)、タカオカミ(山)を祀る。

●周辺には、竜王岳、金比羅山、貴船山、鞍馬山等、水神に関わる山々が座す。

図1-12　「知味」の構成——事例：貴船神社（京都府）

図１-13　事例：乙宝寺（おっぽうじ）の「弘法清水」（新潟県）。弘法大師が独鈷を用いて湧水させたと伝わる。

図１-14　「知味」の遊び

にゆとりを持ちにくい今日、それは贅沢で楽しいひとときとなろう（図1-14）。

和歌・俳句と水景

ところで、以上はどちらかといえば水の場所性にかかわるものである。もう少し高度になると「味わい方」に関する次のような知味がある。入門編として、たとえば和歌や俳句に込められた情景などがわかりやすい。歴史の古さを尊重してまず和歌からいくつか引くと、

むすぶ手に影乱れ行く山の井の　飽かでも月の傾きにけり
前大僧正慈円（『新古今和歌集』巻第三　夏歌　二五八）

（手ですくうと月光の乱れてゆく山の井の水のおもしろさを十分にも尽くさないのに月は傾いてしまったことだ。）

手ですくった水に映る月影（月光のこと）という視覚的効果である。この歌には水の介する本歌があって、志賀の山越の途中、岩間の清水のほとりで、偶然行きあって話をした人と別れたときに

むすぶ手の雫に濁る山の井の　あかでも人に別れぬるかな
貫之（『古今和歌集』巻八　四〇四）

「知味」の遊びの事例：「お水送り」の地として知られる若狭の神宮寺周辺。そこから遠敷川（おにゅうがわ）の上流1.5 kmにある鵜ノ瀬は、奈良東大寺二月堂の「お水取り」に用いる若狭井の水源地といわれる（福井県）。

（すくって飲もうとする手から落ちる雫のために濁る山の井（山の泉）の水の、満足するまで飲めない、そのように、行き逢った喜びに、満足するまでに話すこともせず、人と別れてしまうことであるよ。）

と詠む。水の心情投影効果[*8]といえよう。

道のべに清水流るる柳蔭　しばしとてこそ立ちどまりつれ

西行（『新古今和歌集』巻第三　夏歌　二六二）

（往還のほとりに清水が湧き出でて流れ、柳が生えている涼しい木陰。ほんのしばらく休もうと思って、この木陰に立ちどまったのであったのに。）

清水と緑陰の織りなす視覚、聴覚、触覚的効果である。この芦野の里（栃木県那須町）の名もなき清水と柳の場所は、西行から遊行上人そして尊皓上人から芭蕉へと風景体験が詠み継がれ成熟することによって、広く知られる名所となった（図1-15）。視覚性と触感覚に満ちた歌もある。

文治六（一一九〇）年、女御の入内のときの祝いの屏風に詠む。

岩井汲むあたりの小笹玉越えて　かつがつ結ぶ秋の夕露

＊8
景観論における心情投影（または感情移入）効果とは、眼前の眺めの雰囲気に喜怒哀楽、不安などの自己の心情が投影されることをいう。

入道前関白太政大臣（『新古今和歌集』巻第三　夏歌　二八〇）

（岩間の泉を汲むほとりの笹の上に、雫は玉のようにこぼれ、それがわずかに秋の夕暮の露となって、葉の上に結んでいることだ。）

みずみずしい情景である。

続いて俳句に移ろう。たとえば湧水形態に則して眺めてみたい。最初は「泉」である。泉とは、地中から湧き出てくる水やその湧き出る場所をいい、特に池となって湛えるほど水量がある場合をいう。

結ぶより早歯にひゞく泉哉　芭蕉

次は「清水」である。清水とは、清らかな湧き水や清らかに澄んだ地下水のことを指す。

山清水ささやくまゝに聴き入りぬ　たかし

次は「滴《したた》り」である。滴りとは、岩壁などから苔をつたって落ちる点滴をいう。

滴りや苔曼陀羅の岩の面　天水

図 1-15　芦野の里の「遊行柳」（栃木県）
連想の契機となるシンボルが残されていると、追体験しやすい効果がある。

最後に「噴井《ふけい》」である。噴井とは、地下水が絶えず噴き出している井戸のことである。

むくむくと瓜五つ六つ噴井哉　　秋声

このような句の鑑賞を通して感覚のレッスンを受けておくと、味わい方の能力も自ずから高まろう。水の俳句の最後に、もう一度山頭火の句を噛みしめたい。彼は利き水の白眉である。

へうへうとして水を味わふ
飲まずには通れない水がしたゝる
落ち葉するこれから水がうまくなる

どの句も味わい深くて愉快だ。吟じる者を誘い描写された情景に感情が移入する。芭蕉とは違う漂泊者の感覚、山頭火にとって忘れ得ぬ水の味がこもる。

さて、春、初夏、夏、秋、晩秋、冬、など水の味わいは異なる。山里の路傍に湧く山清水、岩清水、苔清水、草清水の数々、旧街道宿場町の道筋に設けられた水場など、旅先で出会う湧き水は、手に痛いほど、歯にしみわたるほど冷たい。こうした味

図１-16　諏訪大社境内、温泉を出す龍の吐口（長野県）

覚にさらに磨きがかかると、

水飲みて秋白湯のみて秋深し　鷹羽狩行
身のまはり更けてきこゆる秋の水　草城

となる。味わいにおけるこうした微細な季節推移を実体験として理解できるようになれば、景観体験の楽しみはさらに深まる。歌句の情景ともども味わうことを歓迎したい。

景色と利き水の名人

続いての知味は、名うての利き水の達人にならうという方法である。さしずめその筆頭は茶の湯に生きた人たちであろう。私は、茶道は無調法だが、歴史に登場する茶人の逸話は刺激的でおもしろい。水のとりもつ質の高い情景を味わうよいお手本になろう。なかでも、武野紹鴎、津田宗及《そうきゅう》、今井宗久、千利休、そしてノ貫《へちかん》、など草創期の人たちの考案と作法化、そしてお互いの心の交流に憧れがある。そうした知味の感覚を共有し味わうための事例には、たとえば『南方録』[*9]にある、名水の井「醒ヶ井（京都醒ヶ井六条（下京区））」にまつわる茶会記や逸話がある。前者では「豊臣秀吉御成茶会天正十五年　六月十三日朝　於サメカイ屋敷、宗易会が『和歌と名水』という趣向で催行された」というものが、後者では「雪の夜に利休が醒ヶ井の名水を用意

＊9　茶道書。九巻。南坊宗啓著。千利休の高弟宗啓が、利休から親しく見聞し習得した茶の湯の心得を記したものといわれるが、この成立や内容については史実であったかどうか諸説ある。茶道の聖書といわれる。終わりの二巻は立花実山の補足。

して客を待ち受けると、望みどおりの客が現れ、その客が利休の心にかなう気働きをする」[*10]というものがある。

こうした名水点《だ》ての趣向では、大切な茶道具にもまして、「水」が茶会の芯となり華となるのである。[*11]とはいえ、ここまで高度なのはわれわれの日常とは無縁である。それに、いかに名水を使うとはいえ、ポリタンクに長く汲み置きしていては興醒めである。そこでである、たとえば私は旅先でうまい水の話を耳にすると（もちろん温泉もいい。温泉には「飲泉」という習慣もある）、そこまで足を延ばし、その場で味わうことにしている。その延長で水と相性のよい食文化と出会うこともある。豆腐、生麩、蕎麦、白玉、ところてん、コーヒー、茶、酒などはいうに及ばず、水貝（鮑《あわび》の刺身）、鮎、岩魚《いわな》、山女《やまめ》、鯉などの洗いや背ごしといった水質が物言うギリギリの調和味、そしてそれを供する風流な店である。それらを探りあて、季節や時刻や天候の美しい演出を授かる――まさに至福である。

清滝の水くませてやところてん　　芭蕉（『泊船集』）

単なる飲水から水の味わいという食の文化へと変わるのである。

図１-17　日本有数の鍾乳洞として名高い「龍泉洞」
名水百選の一つに数えられる「龍泉洞地底湖の水（湧水）」がある。傍らのお休み処で、名水を利用した食を楽しむ。

*10
『利休大事典』、淡交社、一九八九、より「暁の茶と醒ヶ井の名水」を引用。
「ある夜更、雪が降って何ともいえぬ風情であった。津田宗及はふと思い立って利休をたずねてみた。思ったとおり、こんな夜ならば誰かたずねてくる人もあろうと利休が露地口の戸を少しあけて待ちうけている様子であった。腰掛に通るとやがて名香が遠くからただよってきて、樹々の間からかすかに灯がみえる。宗及は香の達人であったから、名香が蘭奢待（聖武天皇の時代、中国から渡来した名香、東大寺正倉院御物として伝わる黄熟香。東大寺の三文字の字画を含む文字を組み合わせ「蘭奢待」とした）であるとたちまち気づき、茶室に入ると蘭奢待の焼きがらを所望した（名香の鑑賞の約束の一つである）。利休と宗及が何かと話をしているうちに水屋の潜りのあく音がした。利休は、『醒ヶ井の水を汲ませにやった者が遅くなりまして、いま戻ったようです。釜の水をあらためましょう』といって釜をひきあげて水屋に入った。宗及があとの炉中をみると、いわゆる寅の火相で、炭が燃え尽きようとする何ともいえぬ美しい様子であった。そこで宗及は棚から炭斗をおろし、炭を置き添えておいた。やがて名水に入れかえた濡れ釜を利休が持ってくると、宗及は、『水をかえて火勢を強くせねばならぬと思い、炭を加えておきました』と挨拶した。利休は宗及の働きに感動し、『このような客に逢うことがあればこそ、湯をわかし茶を点てる甲斐があろうというものです』と答えた。」

*11
『南方録』のなかに「暁の茶事」に関して次のようにある。前掲書『利休大事典』から引用。

「利休のことばとして『暁の湯相なればとて、宵より湯をわかす人あり。一向左様にてはなし。鳥啼て起て炉中改め、下火を入れ、一炭して、さて井のもとへ行て清水をくみ、水やに持参し、釜をあらひ水をたゝへ、炉にかくる。これ毎暁茶室の法なり』と記している。ここでもっとも枢要なことは『暁の水は陽分の初にて清気うかぶ、井華水《せいかすい》なり。茶に対して大切の水なれば茶人の用心肝要なり』という点にあり、暁に汲む井華水を釜に入れて、その日一日の用意を整えることにある。『惣じて朝、昼、夜ともに、茶の水は暁汲たるを用るなり』とある。」

また、関連して「白湯所望」がある。同じく『利休大事典』から引用。

「茶湯では古来品水とて水を選ぶのが馳走の一つで、薄茶が一同終わったところで、正客から『それでは何々の茶碗でお湯を』と所望することがある。主は釜の手入れの悪かった時、水を所望されると汗顔することがあって、ここにも主客商量が明らかにされる。特に名水点てと称して遠方から名水を取り寄せられた場合、点前の前に挨拶して水の所望をするが、釜の湯も名水であるから白湯所望してもよい。」

水を運び薪をとる、いわゆる「薪水の労」がこの場合の奔走である。

2　酒催《さけもよい》

酒を飲まない人には申し訳ないが、洋の東西を問わず、昔から文人墨客の交わりには歌や詩とともに「酒」が見える。言葉を交わし酒を酌み交わす間柄、そんな打ち解けた美的交流をたいていの人は望む。なにを隠そう私もそうした付き合いが大好きな人間の一人である。だから一人前の酒飲みになることを願い、憧れを込めてこの変わったタイトルが生まれた。「酒催」[＊12]、珍しい言葉としてこの言葉を引いても国語辞典にはない。雨催《あまもよい》にひっかけてひと搾りした造語である。「もよい」という響きも気に入っている。

＊12　酒食のとりもつ知的交流への誘いをいう。

詩歌に見る風景のなかの酒

飲酒という行為に風景の香りがする状況、しかも、できれば芸術的所作のなかに求めたい、となると、いきおい詩作や歌作の世界を覗きたくなる。いかにも、よいお手本が見つかりそうに思えるからである。酒を、風景を、そして詩や歌を愛する人間はこれまでに数えきれないほどいた。この際、私がくどくどいうよりも酒飲みの大家にまずはご登場願おう。わが国ではないが、たとえば自ら「酒中の仙」と称した盛唐の大詩人李白（七〇一～七六二）などはまさしく適格者の一人といえる。「酒に酔い水中の月を捕らえようとして溺れ死んだ」と伝わるなど、その名は数多くの奇行とともにわが国でもよく知られている。どんな酒を飲んでいたのかを想像するだけでも楽しい。詩の鑑賞の非力さはご勘弁願うこととして、それでは酒仙李白の詩を引こう。風景学に関心を寄せる人ならば特に見逃せない場面を持つ『春日酔起言志（春日酔いより起きて志を言う）』*13 などが味わい深い。それは次のように語る。情景の佳境、「……ふと目覚めて庭先に目をやれば」に続く次の眺めがいい。

一鳥花間鳴（一鳥《いっちょう》　花間《かかん》に鳴く）
借問此何時（借問す　此《こ》れ何れの時ぞ）
春風語流鶯（春風　流鶯《りゅうおう》に語る）
感之欲歎息（之に感じて歎息《たんそく》せんと欲し）
対酒還自傾（酒に対して還た自ら傾く）
浩歌待明月（浩歌《こうか》して明月を待ち）
曲尽已忘情（曲尽きて已《すで》に情を忘る）

（一羽の小鳥が花かげで鳴いている。さてさて、いったい何時まで眠っていたものやら。吹きわたる春風は、まるで、流れ飛ぶ鶯に語りかけているかのよう。自然の美しさに感動して、思わずため息がもれそうになる。酒を前にして、またもや気ままに杯を傾ける。心ひろやかに歌いながら、やがて昇る明月を待つのだ。そして一曲が終わったとき、いつしか自分の気持ちさえ忘れていた。）

＊13　李白の詩は『中国文学歳時記　春下』（同朋舎、一九八八）による。

専門家によれば、晋の陶淵明（三六五～四二七）への共感が根底に流れているという。彼もまた偉大な詩人であり愛酒家であったと伝わる。閑居のつれづれに毎夕、酒を飲み、思索したという。これはもう想像しただけでうっとりする。そのなかに文字どおり『飲酒（酒を飲む）』*14という全二〇首からなる詩がある。うち、「其の五」が「風景観」という点で同じ匂いである。とりわけ次の情景が共鳴する。

採菊東籬下（菊を採る　東籬《とうり》の下）
悠然見南山（悠然として南山を見る）
山気日夕佳（山気　日夕《にっせき》に佳し）
飛鳥相與還（飛鳥《ひちょう》　相与《あいとも》に還る）
此中有眞意（此の中《うち》に真意あり）
欲弁已忘言（弁ぜんと欲して已《すで》に言を忘る）

（東側の垣根のもとに咲いている菊の花を手折り、ふと見上げると廬山の姿が目に入る。山のたたずまいは夕方が特別すばらしく、鳥たちが連れ立って山のねぐらに帰っていく。この自然のなかにこそ、人間のありうべき真の姿があるように思われる。しかし、それを説明しようとした途端言葉などもう忘れてしまった。）

「陶酔境」とでもいえるような瞬間、風景観照の極みといえる。望んだとて、私などは到底達することのできない境地である。美しい景色を愛で、美酒を飲み、名詩を

*14 陶淵明の詩は『中国名詩選（中）』（岩波文庫、松枝茂夫編、一九八四）による。

吟じ、心を深めたいと思う。

ここでわが国にも目を向けると、やはり昔から愛酒家がいる。古いところでは『万葉集』に次のような飲酒が見える。よほど酒を飲むことを愛したのであろう。

太宰師大伴旅人*15の作った酒を讃えた歌。一三首（『万葉集』三三八〜三五〇）

しるしなく物思はずは一杯《ひとつき》の　濁れる酒を飲むべかるらし
酒の名を聖とおふせし古《いにしえ》の　大聖の言の宜しさ
古の七の賢き人たちも　ほりせしものは酒にしあるらし
賢しと物言ふよりは酒飲みて　酔ひなきするし勝りたるらし
言はむ術せむ術しらにきはまりて　尊き物は酒にしあるらし
なかなかに人とあらずば酒壺に　なりにてしがも酒にしみなむ
あな醜くさかしらをすと酒のまぬ　人をよく見ば猿にかも似む
価なき宝と云ふとも一杯の　濁れる酒にあに勝らめや
夜光る玉と云ふとも酒飲みて　心を遣るにあにしかめやも
世の中の遊びの道にたぬしきは　酔いなきするにあるべかるらし
現世《このよ》にし楽しくあらば来世《こむよ》には　虫にも鳥にも我はなりなむ
生けるもの竟《つひ》にも死ぬるものにあれば　此世なる間楽しくをあらな
黙《もだ》居りてさかしらするは酒飲みて　酔いなきするになお如かずけり

*15 武門の生まれ。大伴家持の父であり、『懐風藻』や『万葉集』に格調高い詩歌を残した。歌人としてばかりでなく、官位も従二位大納言までのぼりつめた。

飲酒ではないが、このほかにも酒そのものを詠んだものがある。たとえば次の歌である。

天地と久しきまでに万代に　仕へまつらむ黒酒《くろき》白酒《しろき》を*16

（『万葉集』四二七五）

これなどは天皇家の神事である新嘗祭《にいなめさい》（天皇が新穀を天神地祇にすすめ、また、親しくこれを食する祭儀）や大嘗祭《だいじょうさい》（天皇が即位後、初めて行う新嘗祭）に献上する御神酒《おみき》を詠んだものである。この歌の酒の種類は定かでないというが、国家行事である大祀の酒、渾身の力と心を込めた酒に違いない。他に枕詞としての「うまさけ＝味酒」がある。『日本国語大辞典』の解説には、〈味のよい酒である神酒（みわ）ということから「みわ（神酒）」と同音の地名「三輪」や、三輪山と同義の「三諸（みもろ）」「三室（みむろ）」「神名火（かむなび）」にかかる。うまさけを。うまさけの。転じて、「みわ（神酒）」の「み」と同音の「身」にかかる〉とある。また、名詞「うまさけ＝味酒」の意味は〈味のよい酒。上等の酒。美酒。味酒。*書紀（七二〇）顕宗即位前（図書寮本訓）「脚日木（あしひき）の此の傍山（かたやま）に牡鹿（さをしか）の角挙（ささ）げて吾が儛（まわ）しめば、旨酒（ムマさけ）、餌香（えか）の市に直（あたひ）以て買はぬ」*常陸の風土記（七一七～七二四頃）久慈「筑波の雅曲（みやびうた）を唱ひ、久慈の味酒（うまさけ）を飲む」〉とある。こうしたことから

*16
文屋智奴麻呂（ふやちぬまろ）の歌。「キ」は酒の古語。黒酒白酒とは、醴酒（あまざけ）を二等分し、くさぎ（常山または恒山と書く）の焼灰を入れたものを黒酒、入れないものを白酒とした。「キ」には次のような用法もある。「韓国（からくに）に往き足らはして帰り来む丈夫武男（ますらたけを）に御酒（みき）たてまつる」（『万葉集』四二六二）、この場合の「御酒」は、遣唐使の任務遂行に対して祝杯をあげることである。

もわかるように、酒文化を持たない民族や、宗教的理由で酒を飲まない民族を除けば、神との交流にはやはり酒が欠かせないようだ。

お祭りが典型的なように、神聖な空間へのお供え、すなわち、神との共飲共食の場面に酒があるのは、いわば常識として、ひと頃前までは身近で目にする出来事であった。私も、小さい頃から、元旦をはじめ大切な行事行事のときには、浄めた神棚に御神酒を捧げるという光景を当たり前のように眺めて育ってきた。古代から続く伝統が普通の家々にも深く浸透していた証である。

絵画に見る風景のなかの酒

私はかつて研究論文のために、飲食行為が描かれた絵画の分析を手がけたことがある（拙著『風景の調律』第四章参照。鹿島出版会、一九九九）。その主役となったのは、近世から近代の遊楽風俗図、名所風俗図会、浮世絵である（図1-18、1-19）。そこには時代を超えて共有できるような悦びにあふれた飲食の場面があって、景観デザインを考えるにあたり大いに刺激された。そこで、「飲酒の絵画」に入る前に、まずは飲食行為を描いた絵画の分析を通して得られた重要な事柄を少しばかりだが紹介しておきたい。

この種の絵画が描かれた時期は、一般庶民のなかに、単なる食物摂取ではなく、付加価値のある飲食行為が浸透した時代と一致する。したがって、描かれた風俗には、飲食行為と景観体験とが素朴に結びついた頃の萌芽的形態が現れていると思われる。

図1-18　東都名所「両国の涼」(歌川国芳)

図1-19　善光寺道名所図会　巻之二より
画中の歌「建保名所百首」　更級の里の草葉のうら枯れてかれずぞ月に人はとひける　　家隆

一般的に、人はその場で得られる限りの最高の環境条件のもとで食べようとするものである。よって飲食に際して見せる人々の姿とは、人が本能的に嗅ぎとる空間の心地よさ、場所選定や着座に際して見せる高度な判断等々、様々な意味を有しているものと考えることができる。そこで試みに、描かれた場面の内容を、「飲食時に景観的に興味を持たれた対象」「興味の対象との空間的関係や視覚的関係」「飲食形態」などの視点でまとめてみたのが表1‐1である。そしてその作業を通して見えてきたのが、飲食行為に際して人と空間や景観とのあいだに働く主要な原理である。それには次のようなものが認められた。

①　人は飲食行為に際して、眺望性に優れた高い場所や開放性のある場所を求める。

このことは、自分は見たいが人から見られるのを拒む、あるいは飲食時には他人に近づかれたり背後にまわられたりすることを嫌がる、といった本能的ないしは動物的とでもいえるような、リスクを回避する心と通じる。また、「手にとるように」などの言葉に象徴される掌握願望や、盆栽や箱庭などのミニチュアを好むわれわれ日本人の性向との繋がりもうかがえる。これに関連しては、イギリスの地理学者ジェイ・アプルトンの「眺望・隠れ場理論[*17]」がよく知られている。

②　人（またはその集団）は相互の干渉を回避するため、他および他の集団と一定の間合いをとる。あるいはまた、周囲を囲い縄張りを示す。

このような間隔や距離に関しては、たとえば、シンボリックな景物など興味の

＊17
Jay Appleton, The Experience of Landscape, John Wiley & Sons Ltd., 1975.「自分の視界を確保しながら他者の視線から身を守る」

表1-1　名所図会等に見る飲食行為と景観体験との関わり

項　目		概　　要
景観的興味の主たる対象		●大づかみに分類すると五系統認められる。 ＊季節感覚、非日常性、時刻、動き、などに関わる。 ①植物、植栽系統（桜、梅、藤、萩、紅葉他）。 ②天象系統（名月、夕照、日の出、星影他）。 ③祭、行事系統（花火、祭礼、薪能、流鏑馬他、年中行事など）。 ④自然系統（山並、波浪、地形、滝他、名勝など）。 ⑤人工物、人の活動系統（舟の往来、人の往来、漁労、水辺での諸活動他、名所旧跡など）。
空間的関係と視覚的関係		●飲食行為の場所、景観対象までの距離、眺める角度、構図等、対象との空間的位置関係や視覚的関係は、対象の属性と好適な微地形の存在など身体の位置する場の環境条件に応じて組み立てられる。 ＊微地形、大気、光、地被、樹木、水、建築物などの影響を受ける。
飲食形態	場所のしつらい	●座る場所を確保するために、既存の微地形、樹木、岩や石等を活用する、幔幕（まんまく）や屏風等で囲う、毛氈（もうせん）やゴザ等の敷物を敷く、しとね（座布団のようなもの）を敷く、縁台などを置く。 ●既存の地形を活かす。水際に迫り出した岩場等を利用して建物や桟敷状のものを設ける、見晴らしのよい高台に展望所を設ける、峠の鞍部などに建物（茶店）を設ける、崖や斜面地の建物の一部を迫り出す（懸け造り）など。 ●建物の一部に親水性を持たせる（桟敷や縁台を水面に迫り出す、開口部を広くするなど）＊境界部の丁寧な扱い。 ●建物の開口部に額縁効果を持たせる。店先、軒先、軒下に縁台などを置く。 ●既存の構造物を利用する（擁壁の天端等の利用など）。 ●観賞を支援する道具立てをする（屋形船、月見の道具など）。 ●座の形態（立礼、座礼、無礼講、対座、円座、穏座など）。
飲食形態	料理形式と内容	●宴会形式の高質な食事形態（配膳師をともなうことがある）から、軽易な行楽的食事形態や喫茶程度まで、様々なレベルが存在する。 ●膳料理、重箱料理、花見や野点等の行楽弁当他。 ＊膳、高坏、懸盤（かけばん）等が用いられる。 ●その他（梁漁などの特殊な飲食形態）。
その他		●歌会、句会、詩吟などの文芸行為、管弦の奏、舞踊などの演芸行為、祭礼にともなう行為などが組み合わされる。 ●座り方（正座、胡座、楽座、立膝など）。

対象との間の距離・方向・角度といった視覚的関係の調整もある。なお、対人距離等に関する国内外の理論については戸沼幸市著『人間尺度論』（彰国社、一九七八）に詳しく解説されている。

③　人は居心地のよさを象徴する状況や物体、寄りかかるや座るといった利用のしやすさを表象する「かたち」が存在すると、それらのもたらす意味に行動や行為が促される。

④　飲食行為の意識は、身体的負荷が加わる前後や身体的緊張が解けたときと結ばれやすい。

峠を代表とする地形、交通の要所や結節点といった一定の地理的条件を持つ場所が重要で、かつては峠の茶屋、街道や渡し場の茶店などがこうした場合の典型であった。

⑤　名所などでの景観体験の充実化や記憶化が図られるときに、飲食行為が作用する。

たとえば、飲食にともなう五感による味わいの増幅と観賞時間の延伸などがもたらされる。こうした原理に導かれて、飲食行為の場所が選択され充実した景観体験の成立をみるものと私は考えている（図1-20）。

さて、その他、表1-1をふまえて景観体験とかかわる特に重要な事柄について、もう少々紹介しよう。まず、花見、月見、などに代表される行事や、見晴らしのよい場所での飲食、あるいは川船遊びなどでは、和歌・俳句・詩吟などの風流な文芸行為

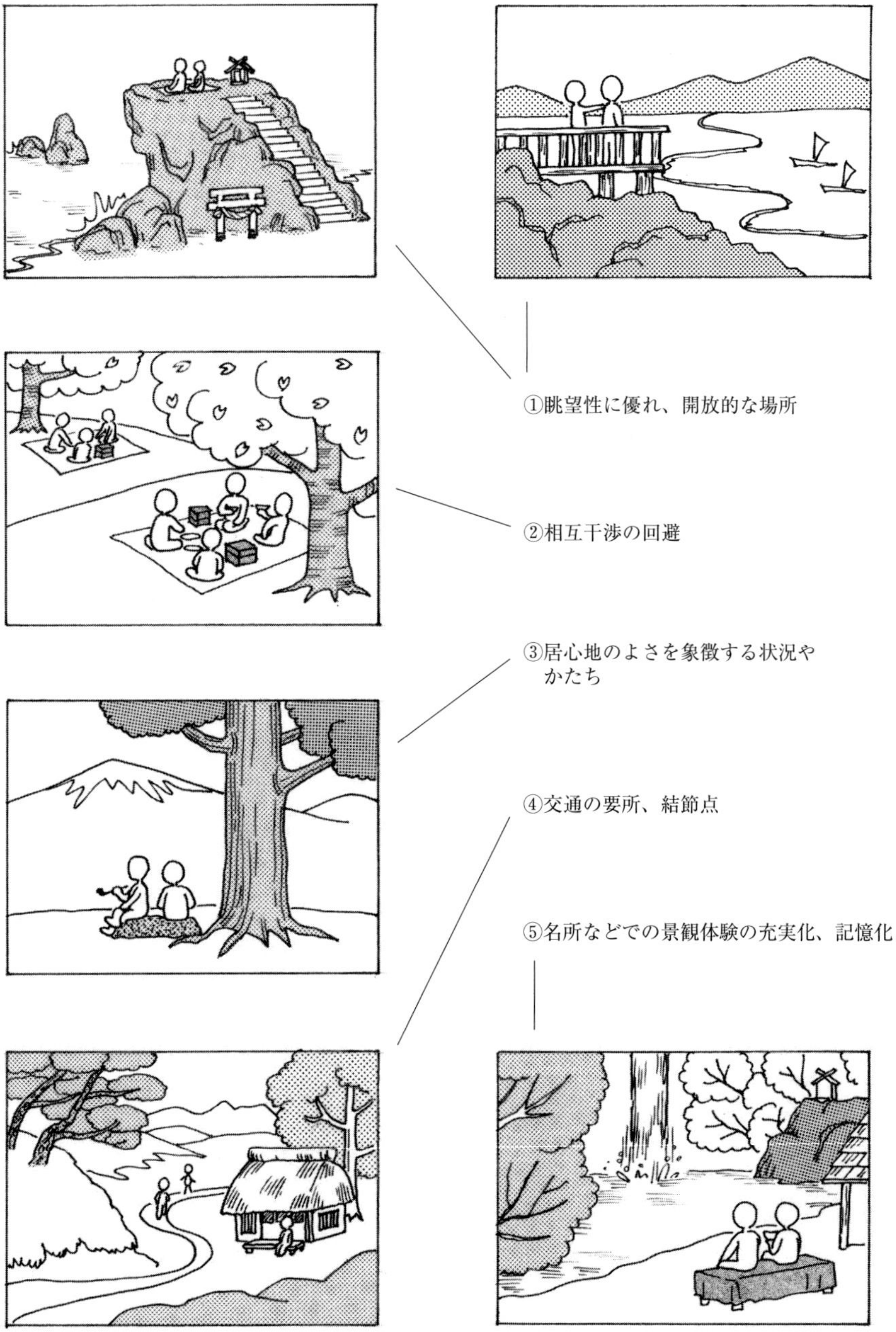

図１-20　飲食行為に際して空間や景観との間に働く主たる原理（参考図）

や管弦を奏し舞踏するという演芸的な行為の付加が認められる。こうした付加的行為の働きがあって、それらの景観体験の意味内容にはいっそう楽しみが加わるのである。

また、飲食の作法にも目を向けたい。絵画のなかに見える食事や茶事や酒の献酬（饗応や酒宴での献、三三九度、他）などに関する礼儀作法、そして参加する者の地位や格式を表す座の形態や仕草などのように、作法の基準は飲食形態の規範として社会と時代を映すものである。が、本来、飲食の作用とは、同座する者同士の相互干渉を調節するなど、心地よく食事ができるように働くことが原則である。そこには、行為自体が持つ約束事と、見られることに関しての動作自体の美醜の問題、すなわち美意識の事柄が含まれている。立ち居振舞い、手足の細やかな動きに代表される身体的仕草、これらがくつろぎや緊張などの飲食の場の雰囲気を高めも低めもするという点で、体験内容の評価要因として作用する。飲食行為をともなう景観体験に作法の網をかぶせることは、景観と接する際の正しい精神と態度とを引き出すことにつながる可能性がある。この意味で、作法は景観観賞を支援する道具立ての一つと考えることができる。

さらに、飲食内容が持つ記号的な意味も見逃せない。もっとも簡単な例が名物と名所である。美しい景観と出会い、土地の名物を食べる。この事象は記憶化されることによって、場所（＝景観イメージ）が与えられると名物（＝味覚）を想起する、という関係を生み出す（あるいはその逆の関係も成立する）。また、人びとの物見遊山や旅が盛んになると、名所旧跡や遊び所などに名物が誕生し名店が出現する。年月を重ね、行動が習慣化することによって、景観体験と名物とは不可分の関係となる。[*18]あるいは例を、膳・重箱・弁当などの中味や出す順序にとれば、それらは次のような意味を担っている。

① 用いられる食材は社会文化的・道徳的・生理的制約などを受ける（宗教上の理由や食べ合わせの禁忌、他）。

② 素材の種類、調理法（焼く・生食・調味などの制約がある）、盛り付け、多様な食器、などが有する記号性によって、「旬の感覚を中心とする季節感」「土地柄、伝承性、民俗性、風土色」「身分、格式」などを地方・地域固有の文脈に基づいて演出する。

典型的なのは、初物、人日《じんじつ》・雛祭り・端午・七夕・重陽などの節句と御節料理、花見・虫聴き・月見・紅葉狩り・雪見などの歳時記的年中行事にともなう料理である。具体的な演出としては、たとえば春、三月初旬の料亭料理なら、「雛祭り」の象徴として菜の花の和え物を貝合わせ蛤の殻に盛ったり、吸物椀に菱餅形のしんじょを入れたりなどする。また、秋の重陽の節句なら、祝い酒のなかに菊花を浮かべたりする。

③ 献立（配膳・料理の順番を含む）には、和歌などを受けた意味解釈や、能狂言、浄瑠璃、旅の記録といった物語性などが持ち込まれる。しかも、配膳、料理を出す手順により継起的に演出されるため、連関的な記憶化が図られる。

＊18 たとえば、桑名⟷焼蛤、丸子⟷とろろ汁、伊勢⟷うどん、などの関係である。

④ 盛り付けにおける美的配合（コード化）に関しては、材料や調理法などの組合わせとともに、色合わせが重視される。結果、美的に材料の色を赤白黄緑黒などとそろえていくことが、栄養的バランスをとり食欲をも引き出す。

⑤ 料理や菓子の命名には記号的な意味が持たされている。たとえば、名所をなぞった名付けがなされたり、花鳥風月を詠む和歌俳諧を受けて名称を授けるなどがある。

以上が、飲食行為を描いた絵画の分析を通して私が得た、そして考えた事柄である。

さて、話をさらに進めて、次に絵画鑑賞としては少々不純ではあるが、「飲食の絵画」を具体的に用い、「設《しつらい》」という視点で眺めてみよう。

図1‐21に示した「高雄観楓図」[*19]とは、もっとも古いと見なされている遊楽風俗図である。図柄は、神護寺への参詣がてら「紅葉狩り」をした様子である。諸人物は、あちらこちらの楓《かえで》を見た後、ちょうど頃合いの平場を見つけて宴を開いたと見える。場所選定に際して、各人に意思決定をさせたものは何か、興味の湧くところだ。画中では、傍らで子連れの女性の一団が茶や酒を飲み言葉を交わしている。もう片方には一団の男性があって、車座で歌い踊り飲酒を楽しんでいる。双方には「縄張り」にも似た感覚が漂う。他に、茶売りと喫茶の人物、横笛を吹く人、橋上で景色を眺める子供、参詣途上の一団、などが見える。紅葉の景色を味わう普遍的な姿の一つであろう。

＊19 一六世紀末、狩野秀頼筆、一双分の左隻、他の季節を表現した他隻が失われたと考えられている。見るこちら側も思わず浮かれてしまう。紅葉が水や苔や草木に映え美しい。

高雄観楓図（狩野秀頼筆、東京国立博物館蔵）

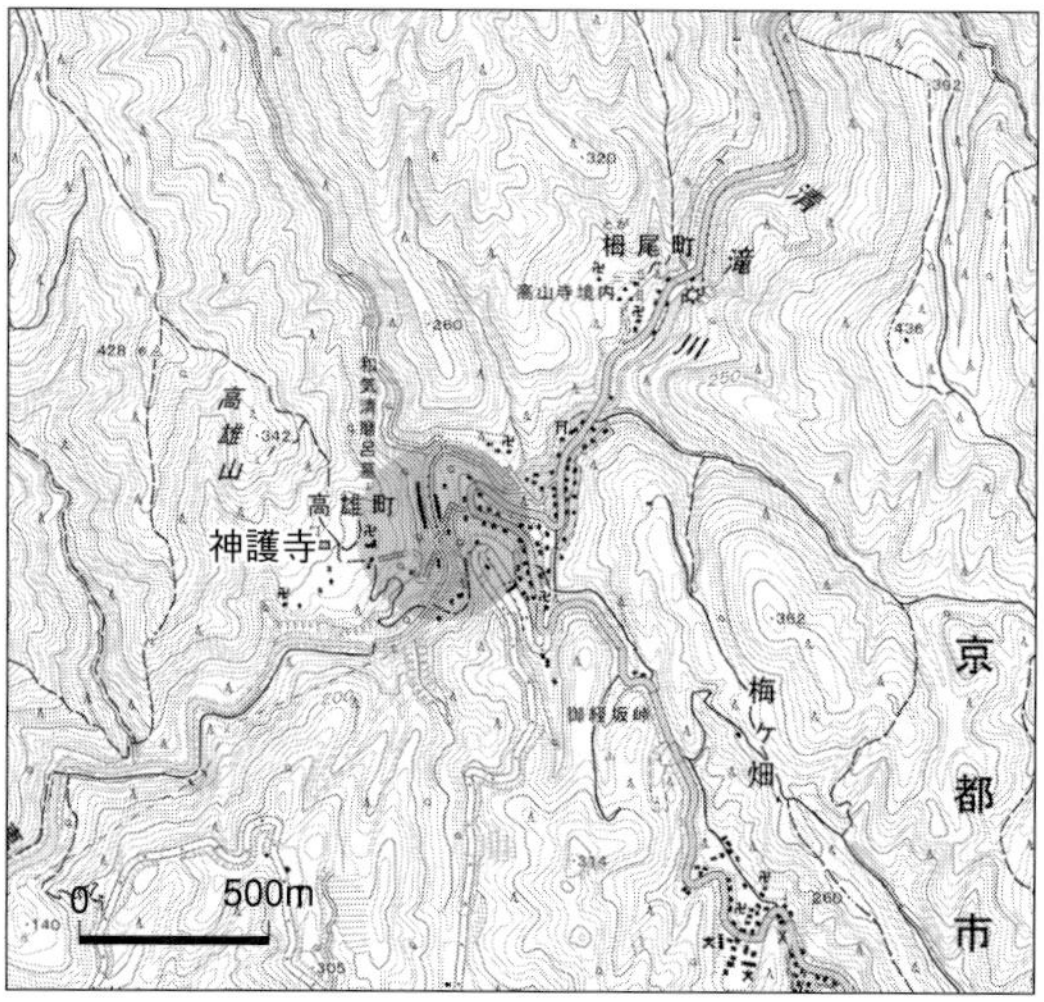

図１-21　高雄（京都府）

京都市右京区梅ヶ畑の地名。愛宕山の東方、清滝川の中流右岸に臨み、高雄山がある。古来、清滝川の渓谷美で知られ、紅葉の名所。栂尾（とがのお）、槙尾（まきのお）とともに三尾（さんび）という。

さて、図中の人物に成り代わって見渡すと、反橋《そりばし》の上や橋詰、やや突出した土手や水際など、参道を兼ねた苑路沿いのところどころに、たたずんで眺めるのに恰好の場所（「視点場」[*20]）がある。それぞれの形や位置に「人をして眺めさせる」ような雰囲気がある。主題の楓が、清滝川の岸辺や平場の縁、すなわち「水際」や「山岸」（あるいは「平際（ふさわしい言葉が見つからないので仮にそう呼ぶ）」）という両義的な場所にほどよくあしらわれていて、造園でいう「役木」[*21]の風がある。その力をも得て、全体が回遊式庭園を彷彿させるような様式性を帯びている。音の環境に耳を澄ますと、渓流が水音を放ち、それが地音（背景音）となって、人々の謡や鼓音を図音（聞く対象音）として引き立てている[*22]。自然環境のなかで楽音を聞く悦《よろこび》に満ちる。さらに加わる快適さ、それは何処からくるのか。たとえば、人々の服装や仕草である。それらは心地よさそうな大気の質感、つまり体感を暗示する。少々安易だが、手近にある気象学の本や『理科年表』をたよりに体感温度を推測してみよう（ただし、湿度や風の状態がわからないので気温で考える）。この絵の舞台は、京都の中心部から少しばかり山へ分け入った所である。イロハカエデの紅葉の平均が京都で一一月二四日とすれば、頃は一一月の半ばであろう。京都の一一月における日最高気温の平年値が一七・〇度、絵の場所を考えると、それをやや下まわる値であろうか。この気温、参考までに、横浜測候所の職員の体感記録によれば、一六・六度が一一月の心地よい気温という（拙著『移ろいの風景論』三二一頁参照。一九九三）。こうしたイメージを重ねると、絵のなかの体感がますます快適そうに思えてくる。

＊20　景観工学の用語で、景観を眺める人の位置を「視点」、その近傍の空間を「視点場」という。

＊21　庭園内の要所に、種々の目的、約束事にかなう樹種、樹形、大きさが選定されて植えられる樹木のことをいう。

＊22　地音と図音とは、ゲシュタルト心理学の概念である「図（ある図形を眺めた場合に形として浮かび上がる領域）」と「地（背景として知覚される領域）」を音に援用した概念。

この絵で唯一感心できない点がある。それは酒器や酒肴、組重などの食具が地べたにじかに置かれている様子である。少なくとも私の目には奇異に映る。気の利いた敷物や台があれば、酒や食べ物がもっとおいしそうに見えるであろう。

「紅葉狩り」には次のような場面もある。小林清親（一八四七〜一九一五）は「瀧の川の図」[*23]（図1−22）で、同じく飲酒と紅葉観賞をテーマに、宴とは違うしみじみとした雰囲気を描いている。この絵が景観的におもしろいのは、色づいた葉や枝ぶりを、やや高い視点から眺めていることにある。上下動が少ない分、視線の移動が楽で、われわれがごく自然にとる仕草にかなっている。結果、飲酒と観賞との結びつきを強める視覚構造となっている（図1−23）。このような体験を求めるには、この絵のモチーフとなった東京のように、台地と谷地が細やかに入り組む土地が好条件である。地形の襞を読み取りながら楓を訪ね、楓との間のこの視覚的関係を見つけ出す。そうした条件を満たし、うまいお酒を出してくれる、そんな料理屋やレストランなどを探し歩くのも「紅葉狩り」の楽しみの一つになろう。

このように絵画を読み込んでゆく作業はとても楽しい。そこで、興味を持たれたなら、わが国の伝統とは違った臨場感溢れる酒の風景が活写される西洋画をはじめ、映画、小説、随筆、酒のコマーシャルなどにおける、生きる喜びに満ちた美しい描写や音響の読み解きにぜひとも挑戦してほしい。おのずから酒映りのよい美的風景に言及できることになろう。やがてそれが、他文化や他領域の香りを大切にする景観論へと繋がってゆくのである。

＊23　東京名所のうちの一つ。崖端から今を盛りの紅葉を見遣る。景色と同居して酒の味も一段と高まろう。

瀧の川の図（小林清親）

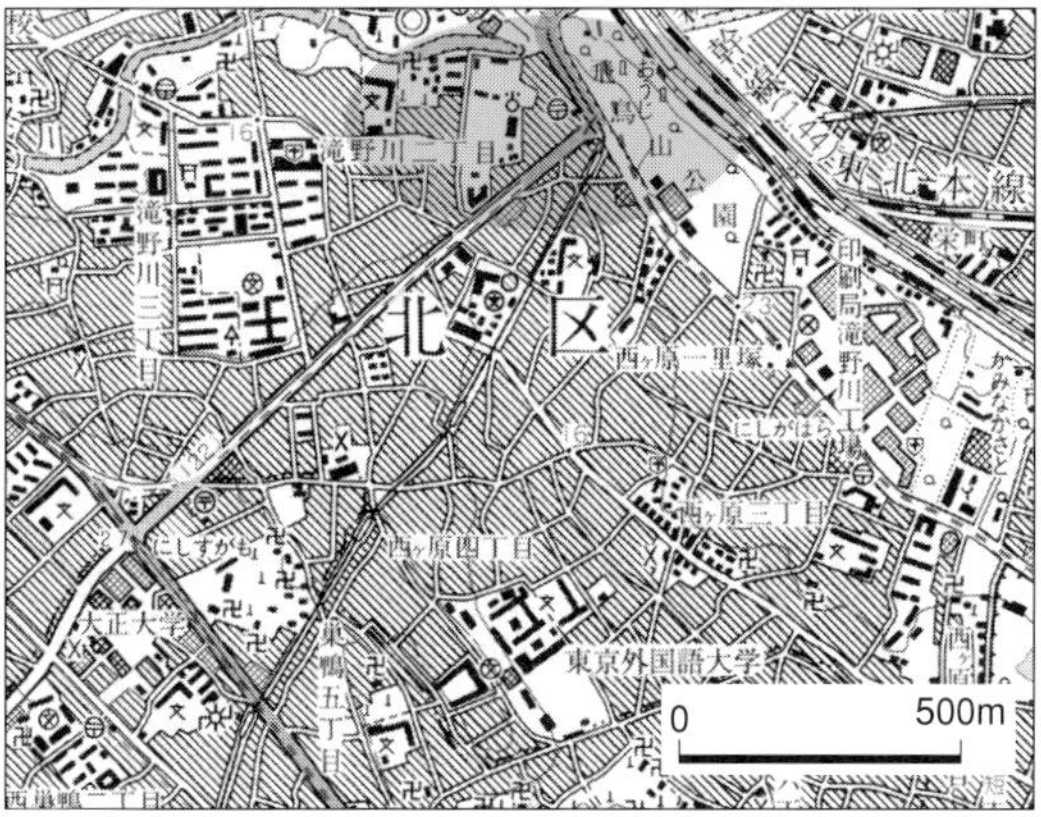

瀧の川の辺り（東京都）

図 1－22

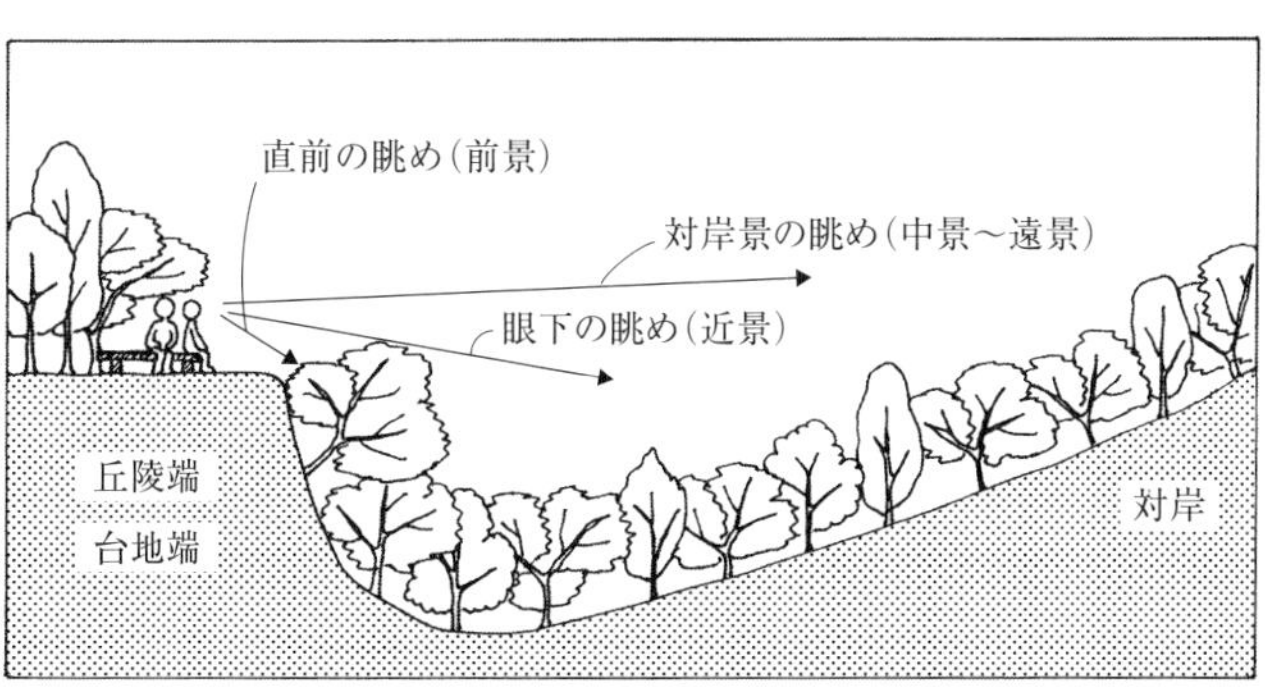

図 1－23 眺めの構造

酒のなかの風景

今だから話せるが、大学を出て間もない頃、仕事で出かけた東北は岩手の農村の、北上川を見下ろすやや高台の民家で、内緒の酒「濁酒《どぶろく》」を飲んだことがある。酒肴は近くの川に仕掛けをして採ったという藻屑蟹《もくずがに》であった。振る舞われた酒は、囲炉裏端におくと発酵に勢いがつき、プクプクと気泡が発生して、終宴の頃には少々酸味を帯びていたのを覚えている。「酒は生きものである」と実感させたその光景も味もまったく初めての体験であった。その折は、さらに素朴な疑問が湧いて（記紀神話の世界よろしく、木花之開耶姫《このはなのさくやびめ》が米を噛むごとく、アルコール発酵第一段階、アミラーゼによるデンプンの糖化が乙女の口に委ねられていたらいいなと念じつつ）、恐る恐る「最初のひと噛みはどなたが」と尋ねてみた。だが、ご馳走してくれた相手方は、笑みを浮かべて口をつぐんだままであった。「にごり酒」を見かけるたびに去来する懐かしい景色である。酒は人をして酔わしめ、深層のイメージを表出させ、想像力を引き出すものであるとあらためて確信させた出来事であった。遊び心を軸に景観と味覚体験とをからめて、自分なりの「酒遊《しゅゆう》」[*24]を考えよう。

さて、酔えば意識的な抑圧や統制が緩む。酒飲の間合いは眺める行為を誘い、様々なイメージを脳裏へともたらす。酒にともなう「想起」、これは「臥遊」[*25]や「見立て」[*26]として知られる景観的観賞行為と似通う。酒のなかにイメージを重ね、あるいは読み取り味わうには、視覚、聴覚、触覚、嗅覚、味覚のいわゆる五感、さらに感性や言葉が欠かせない。その証拠の一つに、様々な言葉を重ねて味わいの増幅を図るソムリエ

＊24　酒文化と風景文化の知的で楽しい交わり。

＊25　家で寝そべりながら、山水画を典型とする風景画のなかを仮想的に逍遙する鑑賞行為。

＊26　芸術表現などを含めた美しい景観を参照し、それらを引用し、眼前の視覚像を意味解釈すること。また美しい景観のイメージを眼前の眺めに投影すること。したがって、通常の視覚形式を変えることをも意味する。

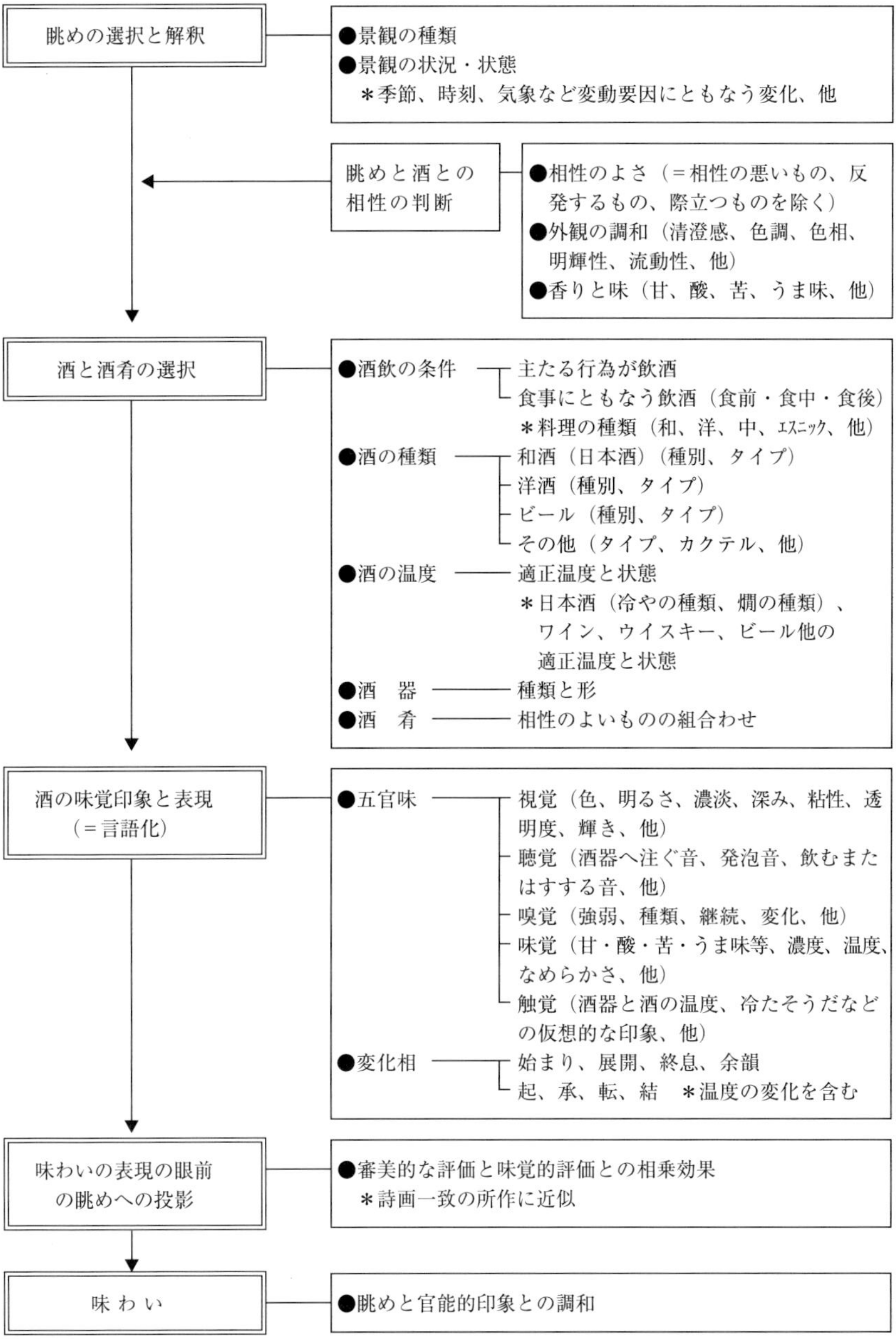
眺めの選択と解釈
●景観の種類
●景観の状況・状態
＊季節、時刻、気象など変動要因にともなう変化、他
眺めと酒との相性の判断
●相性のよさ（＝相性の悪いもの、反発するもの、際立つものを除く）
●外観の調和（清澄感、色調、色相、明輝性、流動性、他）
●香りと味（甘、酸、苦、うま味、他）
酒と酒肴の選択
●酒飲の条件
主たる行為が飲酒
食事にともなう飲酒（食前・食中・食後）
＊料理の種類（和、洋、中、ｴｽﾆｯｸ、他）
●酒の種類
和酒（日本酒）（種別、タイプ）
洋酒（種別、タイプ）
ビール（種別、タイプ）
その他（タイプ、カクテル、他）
●酒の温度
適正温度と状態
＊日本酒（冷やの種類、燗の種類）、ワイン、ウイスキー、ビール他の適正温度と状態
●酒　器
種類と形
●酒　肴
相性のよいものの組合わせ
酒の味覚印象と表現（＝言語化）
●五官味
視覚（色、明るさ、濃淡、深み、粘性、透明度、輝き、他）
聴覚（酒器へ注ぐ音、発泡音、飲むまたはすする音、他）
嗅覚（強弱、種類、継続、変化、他）
味覚（甘・酸・苦・うま味等、濃度、温度、なめらかさ、他）
触覚（酒器と酒の温度、冷たそうだなどの仮想的な印象、他）
●変化相
始まり、展開、終息、余韻
起、承、転、結　＊温度の変化を含む
味わいの表現の眼前の眺めへの投影
●審美的な評価と味覚的評価との相乗効果
＊詩画一致の所作に近似
味わい
●眺めと官能的印象との調和

図1-24　眺めと酒との官能的味わい

や利き酒師の仕事ぶりがある。たとえば、味覚体験の演出には、体感温度や湿度、臭気の取り除き、ほどよい自然光の取り入れ、などの基本的な条件に気を配る必要がある。また、味わいを自覚し同座の人々とそれを共有するには、香味や色や濁りなどの特徴を絞り出す的確な言語表現が求められる。*27 まさに彼らの作業と同質といえる。ただし、俄《にわか》ソムリエや利き酒師の真似事をすればすぐに気づくことだが、わが国の言葉は、味や風味そのものを示す言葉が存外少ない。複雑な風味、熟成、調和を表現するには、生理的、情緒的、色彩的な言葉を用いねばならず、それが一般的である。しかし、ここでいう酒遊の人たるには、味わいの広がりを期待してもう一歩踏み込みたい。たとえば、ふだんあまり馴染みがないが、詩や俳句や和歌の表現や言葉を借りるという方法がある。やや高度な遊技だが、風景イメージの豊かな、膨らみのある味わいに育つことを請け合う。やや強引な試みだが、言語化をともなう「眺め」の観賞と酒の鑑賞との融合を筆者なりに考えてみた（図1-24）。

さて、繰り返すが、酒飲には想起がともなう。そのきっかけは酒の「ラベル」や「瓶の形」のこともある。ワインなら肩の張ったタイプ（例、ボルドー形）、なで肩のタイプ（例、ブルゴーニュ形）、細長いタイプ（例、アルザス形）などがよく目にするボトルであり、そのボトルに張られたラベルの読み取りが「知味」となる。ラベルには各国のワイン法に則って、たとえば、銘柄名、原産地名称、格付け、収穫年、生産者、生産者住所、アルコール度数、容量などが記されていて好奇心をくすぐる。ロゴ、シンボルマークを美しくあしらったラベルのデザインの鑑賞もワインの楽しみの

*27 たとえばソムリエは、「夕陽を浴びた赤紫色の海原をイメージする広がりのなかに、真っ赤な明るさが見える」「ブルーベリーの香りにブラックチェリー、酸を含んだグミの実や湿った落ち葉の香り」「湿った下草やねずの実のスパイシーな風味」「干し草やウッディな香り」などのような表現をする。また利き酒師も同様に、外観なら「淡く清涼な印象、雪解け水の如し」「きわめて淡く、みずみずしい岩清水の如し」、香りなら「つきたての餅のような」「木質系のあるいは茸のような」「ヤマモモやアケビのような」、そしてその変化相なら「笹の葉の香りから青竹、次いで枯らした竹の香りへ」といった表現をする。

図1-25
ワインのラベル
――解釈と鑑賞

一つである（図1-25）。

日本酒を例にとれば、酒客なら大抵一度や二度は、菰《こも》や和紙で丁寧に包まれた酒樽や酒瓶の形姿を眺め、「文字」や「語感」や「図柄」から受ける視覚的効果や意味的効果をあれこれ楽しんだことがあろう。使われる文字の頻度は、山、鶴、正、宗、菊、大、乃……の順に高いと聞く。また、全国には約二〇九〇の醸造所がある（表1-2）というから、それぞれの造り酒屋で生産する酒の種類を考えれば、全国には一万数千の銘酒がある勘定である。そのなかから気に入った名前を探すこと自体が遊びとしておもしろい。美しい風景を呼び起こす名称を探してみよう。私の気を引き付けるのは、景色のイメージを醸す、池月《いけづき》（石川県）、雨後の月（広島県）、老松（大分県）、篝火（岐阜県）、甘雨《かんう》（新潟県）、岸の松（長野県）、岸の竹（奈良県）、木曽路（長野県）、深山（広島県）、住の江（茨城県）、月不見の池《つきみず》（新潟県）、満潮（広島県）、

表1-2　日本酒の醸造所数

地方・県別		醸造所数
北海道・東北	北海道	15
	青森県	30
	岩手県	30
	宮城県	30
	秋田県	55
	山形県	60
	福島県	100
関東	茨城県	70
	栃木県	45
	群馬県	40
	埼玉県	50
	千葉県	40
	東京都	15
	神奈川県	15
中部	山梨県	20
	長野県	100
	新潟県	100
	富山県	25
	石川県	40
	福井県	50
	岐阜県	50
	静岡県	35
	愛知県	65
	三重県	60
近畿	滋賀県	60
	京都府	70
	大阪府	30
	兵庫県	130
	奈良県	55
	和歌山県	30
中国・四国	鳥取県	25
	島根県	40
	岡山県	90
	広島県	90
	山口県	30
	徳島県	30
	香川県	18
	愛媛県	60
	高知県	20
九州・沖縄	福岡県	90
	佐賀県	40
	長崎県	10
	熊本県	10
	大分県	20
	宮崎県	2
	鹿児島県	0
	沖縄県	0
合計		2 090

雪の松島（宮城県）等々である。各人が見出すそうした銘酒のなかにあって、とりわけ思い入れのある蔵元なら想像力に拍車がかかるに相違ない。私は、酒米の産地や美しい田圃の風景、蔵付きの乳酸菌や微生物の力がみなぎる蔵の風格、あるいは、米のふくよかな複雑味を醸す高度な技術、サーッとささやく風のような発酵音、心浮き立つ発酵の匂いなどの新鮮な感動、実際に目にした造り手の顔や酒造りの諸道具など酒造りの環境、といったところが映像として浮かぶ。私に限らずこうしたイメージは、加齢や経験とともに進化を遂げるものであろう。ただし、この場で承知しておかねばならないのは、信頼のおける酒は、杜氏を頭に幾人もの蔵人が手塩にかけて育てたものであって、名前にはそういう思いがこもるということである。不遜だが、そのような目で「ラベル」を見つめたなら、蔵の歴史と伝統とに多少なりとも触れたような気がするであろう（図1−26）。

契機が各種のメディア情報のこともある。酒のコマーシャルや飲酒の描写などは、憧れの雰囲気として、われわれのイメージの根幹をなすことがある。たとえば冬の日本海、あちらこちらの名どころを見物し雪見の露天風呂に浸かる。搾りたての美酒に出会い、冴えわたる寒中の味覚を相性のよい器で食す。こうした醍醐味は春夏秋冬、季節を問わず成立する。共感こそすれ、これを拒む者はそうそういまい。このように思いめぐらすと、酒にともなう食の文化を発展させたという意味において、酒の功績は大きいといえる。ここでもイメージの共有化や追体験は酒遊ならではの楽しみとなる。

図1-26
日本酒のラベル――解釈と鑑賞
蔵元の友の会に入り酒米の田植え、稲刈りなどを体験する。やがて仕込みを終えて出来上がった新酒を手にすれば味わいも格別である。最近では、気に入った言葉や文字や名前などが入れられるサービスがあってうれしい。

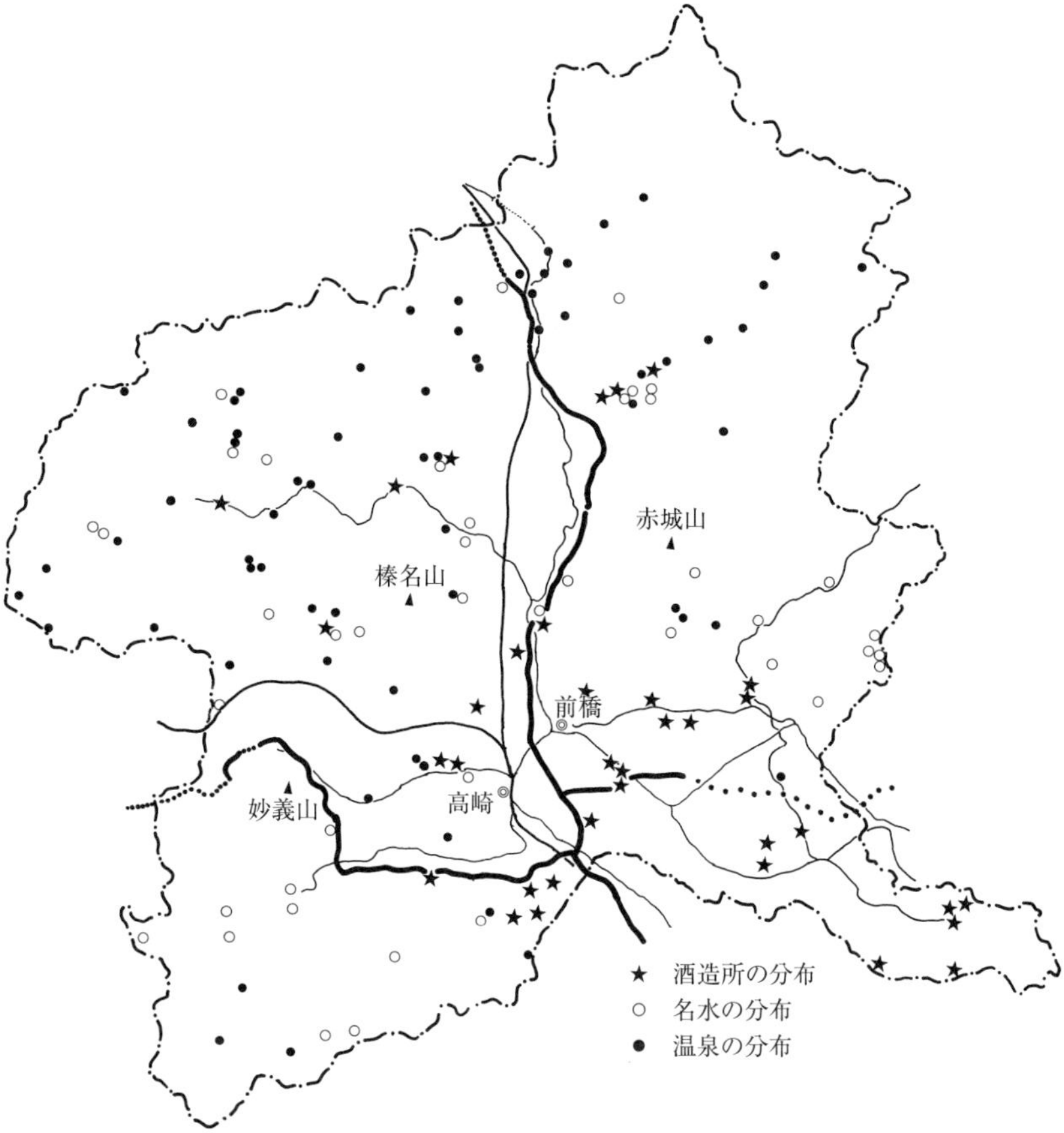

「酒林」は酒屋の看板であり、新酒ができた知らせでもある。
三輪大社（大三輪神社）の御神体である三輪山を象る。

図 1‑27　酒遊のための道具立て（例：群馬県）

もう一点、酒遊で見逃せないことに、酒を主題にした旅の構築がある。地形図を手にし、元手となる蔵元の分布に、名所、名水、名産、窯元など、他の情報を重ねる。加えて、忘れてならないのが温泉と料理である。各地で醸された酒には、必ずや同じ郷里の水や土や空気が育んだ相性抜群の酒肴が見つかる。休日を充実させる小旅行として、行程を練る作業自体とても楽しいし、その実践とあらば格別である。幸い、今住んでいる群馬県には四〇の蔵元（酒造組合加盟）がある。仕込みの体験や蔵開きなどを決して逃さない大多数の酒好きと同様に、酒屋の軒先の「酒林」を目印にして、できる限り時間をさいて蔵元を訪ね、頭と舌を繰り返し鍛えることにしよう（図1-27）。

3　雨見の美学

あま-み【雨見】〔名〕雨を見ること。予定した月見が雨になったのをしゃれていった語か。＊俳諧・文政句帖―五年（一八二二）八月「十五夜の萩に芒に雨見哉」

これは『日本国語大辞典』（小学館）の説明である。似通った言葉の「雪見」はよく耳にするのに、こちらはほとんど耳にしない。この記述が初出であろうと思われるが、驚くほど素っ気なく、しかも月見の代打だというのである。雨の風景を研究して[*28]

＊28　前掲書『雨の景観への招待―名雨のすすめ―』彰国社、一九九六、としてまとめた。

きた私としては、これではまことに寂しい。そこでこの場を借りて、雪見に匹敵するように自分なりの定義をしておきたいと思う。

まず「雨見」を「あめみ」と読もう。それは「天」や「甘」との語感的な類似を避けたいことと、音韻の法則よりも響きのよさを個人的に買いたいからである。そしてその意味を、単に雨を見るというのではなく、美しい雨を眺めることと、雨を美しく眺めることとしたい。というのは、眺めの対象側の問題と眺める者の態度や作法の問題とを含めたいのである。また、「美学」といささか気負ったが、少々の心構えと能書きのことである。雨見の文化を浸透させたいという意気込みに免じてお許し願いたい。四季の雨を代表させて春雨、五月雨、時雨で考えてみよう。

雨の道具立て

春雨といえば、野山に降り注ぐ暖かい雨というイメージがある。そこでは、温暖前線にともなう煙るような細雨と、ひと雨ごとに芽吹くように見える草木の姿が合わさるようだ。だからなのだろう、春の雨には、煙雨、恵雨、慈雨、養華雨などの呼び名もある。

春の雨は王朝人がその美しさを発見して以来、今日に至るまでずっと愛され続けてきた。われわれ日本人のまなざしを虜にしてきたその情景はというと、

山吹の咲きたる野辺のつぼすみれ　この春の雨に盛りなりけり

わがせこが衣はるさめ降るごとに　野辺のみどりぞ色まさりける
（『万葉集』一四四四）

春雨の降りそめしより青柳の　糸の緑ぞ色まさりける
（『古今和歌集』二五）
（『新古今和歌集』六八）

春雨や蓬をのぼす草の道　芭蕉

春雨や土の笑いも野に余り　千代女

等々のように時代を超えて共感を呼ぶのである。これら詩文に流れる雨情は一例にすぎないが、そこに共通するのは、すべてのものが濡れたがっているように見えるという春の雨固有の雰囲気である。春雨の風情にはそうした仮想的な視覚的印象や皮膚感覚が宿っているように感じられる。で、そういう雨ならばわれわれ人間も濡れてみようか、という心情が生み出したものか、かの名台詞《めいぜりふ》「つきさま、雨が……」「春雨じゃ濡れてまいろう」が誕生したのも、ものの道理である。心地よい雨ならわが身の濡れなどお構いなしという仕儀である。

続いては、そうした雨降りの見方である。見方といっても視覚だけでは片づけられない。なんといっても、雨の風景は音や湿り気など五感とかかわるものであるからだ。そこで、雨を眺め、雨を聞き（音と匂い、香りも聞くのである）、雨触りを楽しむという五感の雨見である。もう一歩進めて、視線の先で聞くように見る、触るように見る、とも述べておこう。一見すると奇妙に思える表現だが、窓外の雨景から伝わる雨音の心地よさ、諸物の濡れ色や大気の湿り気から伝わる感触の喜びをいう。

ところで、よく耳にする雪見には、雪見障子、雪見灯籠など美しい眺めを得るための作法があり、眺望の利いた雪見の名所も用意されている。そこで、その向こうを張って雨見の作法美というといささか大げさだが、ちょっとした心がけについて考えてみよう。

雨はごく日常的な現象なので生活美のなかに引き込みやすい対象である。手っ取り早く楽しむなら小ぶりな坪庭があるといい。小さな水盤や景石を少し、そのほか地被植物などがあればなおよいが、それらによって濡れ色や湿り気の美しさをたやすく引き寄せることができる。軒端や雨落溝や主庭にはもっと五感を刺激する楽しみがある。とりわけ雨垂れを落とす軒端のデザインは欠かせない（図1‐28）。軒樋をつけなければ「雨簾《うれん》」として楽しめる。竪樋に細工し雨水をまとめて水盤で受けるのも趣深い。水盤には瓶《かめ》を転用してもよい。あふれる雨水の瓶肌をつたう姿が美しい。雨落溝では材料の大きさや質感を大切にしよう。たとえば錆砂利、砂、炭、那智黒《なちぐろ》、伊勢ゴロタ等々を敷き、雨音と濡れ色を同時に味わおう。庭先の眺めに目を移すと、庭の面《おもて》に気に入った景木の二つ三つを植え、飛び石を打ち、石を立て、石を伏せ、触るように眺めよう。あるいは座敷の奥から深い軒先と縁側で枠取られた庭の向こうに春雨煙る山を見るのも風情がある。さしずめ都会なら高層ビルが山の代わりをしてくれる（図1‐29、1‐30）。

図1‐28　雨のデザインの例

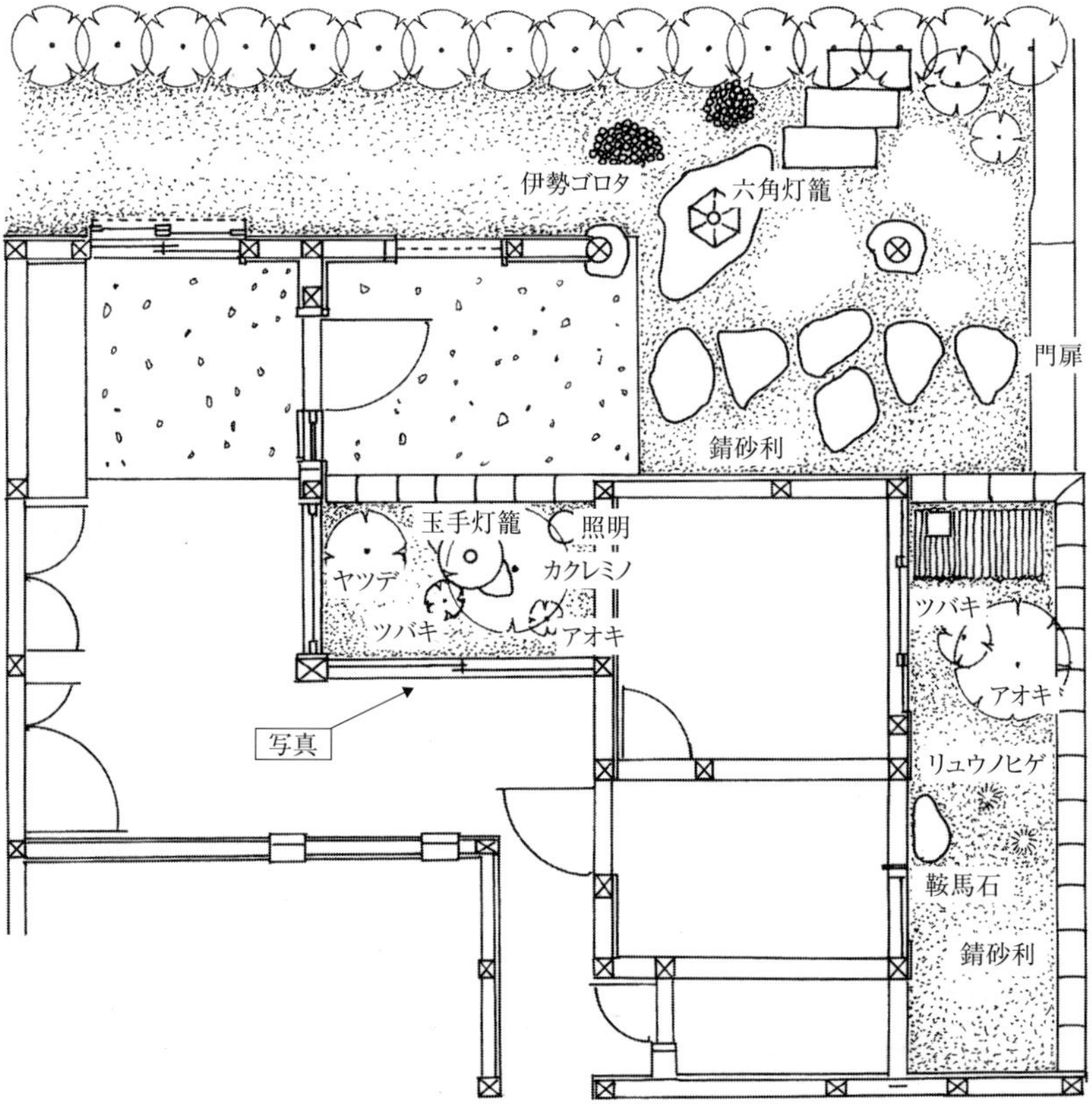

図 1-29　雨を楽しむ「坪庭」

図 1-30　雨を楽しむ「主庭」

家から一歩外に出て眺めるこんな組合わせはどうか——それは「春雨の花見」である。春雨に濡れる黒い土と散り敷かれた花弁の絨毯《じゅうたん》との対比には桜の潔さが滲む。観桜の締めくくりとしていかにもふさわしい。眺める者のほうはというと、地表の染まるのにあわせて「花見酒」が「雨見酒」へと移ろう。私の好きな春先の一つである。

雨遊《うゆう》＊29

梅雨と呼ばれる一年でもっとも雨の多い季節の過ごし方は、僧侶にならって「雨安《うあん》居《ご》」＊30とするか、あるいは「晴耕雨読」三昧というのが、心身を鍛えるのに最善であるといわれる。

夏《げ》籠りや仏刻まむ志　正岡子規

一方、観光名所には、大抵の人が雨を避けるこの時期にこそ出会える絶景がある。おわかりであろう、たとえば雨抜きには語れぬ日本庭園の、あのしっとりと潤う透明な感触にどっぷりと浸るには、人けのまばらな雨の日こそがチャンスなのである。うっとうしいと嫌われがちな梅雨のあとさきを楽しみへと変えてくれるような事象を、気ままに探そう。有り難いことに、この時期は一年でもっとも日が長いのである。

歌語の世界では「長雨」と「眺め」がしばしば結びつく。似通った言葉の響きもさることながら、降り続く雨が静かな眼差しを持てる落ち着いた時間をもたらすからで

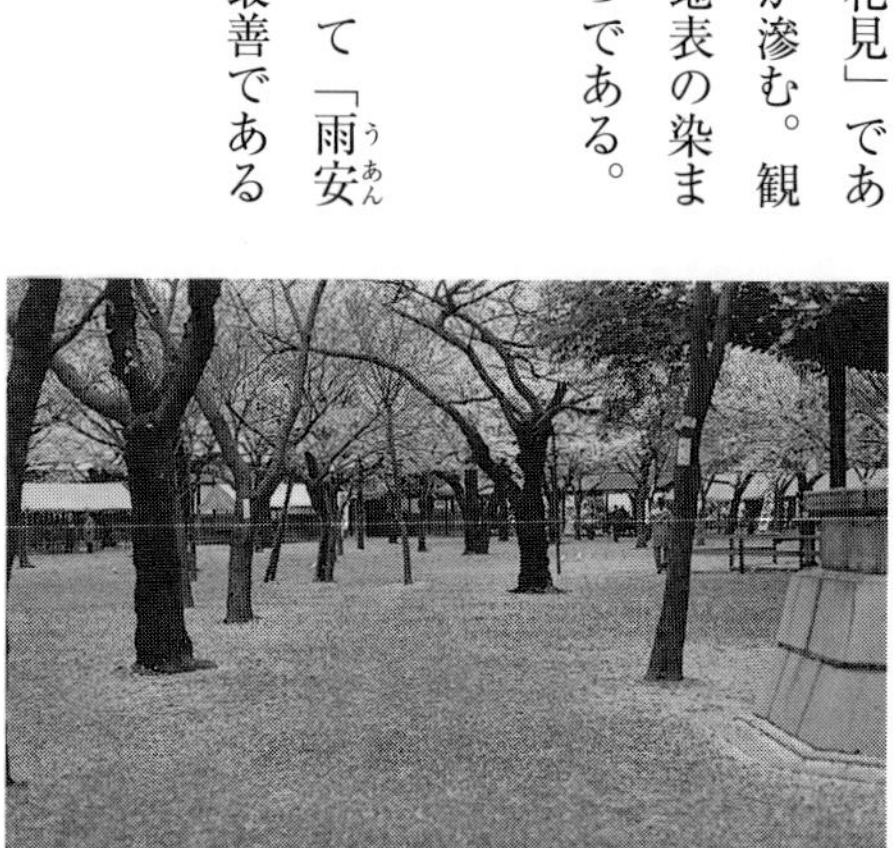

図1-31　桜の花が春雨で散り敷き地表を染める

＊29　心潤す美しい雨と出会いその風情を味わうこと。

＊30　僧侶が陰暦四月一六日から九〇日間、一室にこもって修行すること。もとは古代インドの制度で、夏の雨季の間、外出の困難を避けるため、僧侶を一室に集め、修行に専念させたことに始まる。夏安居（げあんご）、夏行（げぎょう）ともいう。

あろう。この長雨に眺めるという相性のよい視覚的体験を、風景の目利きに学びつつ日常景のうちに磨き上げることが、そのまま各人の美意識を高めることにつながってゆく。たとえば、

五月雨の降のこしてや光堂　芭蕉

と、長い長い年月の風雪をしのいでなお五月雨に美しく輝く光景を絞り出した芭蕉の目は、お手本として憧れである。が、その一方で、五月雨のように降り続く雨の景色を見つめていると、心は落ち着くものの、どうして物悲しい気分になるのだろう。わが国の文学を眺めてみても、雨降りは昔から哀しみの涙が降るものと見立てられることが多い。

むかし思ふ草の庵の夜の雨に　涙な添へそ山郭公

（『新古今和歌集』二〇一）

また、文学に限らず様々な文芸でも、たとえば映画の哀しいシーンにも降り続ける雨が多用されている。しかも私の知る範囲に限ってだが、このことは洋の東西を問わないようだ。「ティファニーで朝食を」で、オードリー・ヘップバーン演じるホリーが、すべての罪を洗い流すかのように降る雨に打たれる切なさや、「カサブランカ」で、

ハンフリー・ボガード演じるリックの、手紙のインクが雨で滲む別れの哀愁など、哀しみの感情移入を促すこうした雨情は、世界のいろいろな文化で共有できるものなのであろう。そこでである。われわれに訴えかける雨情を真摯に受け止める訓練も大切にしたい。そして、再び強調するが、雨は音や匂いや肌触りといった五感とかかわる。だから視覚ばかりにとらわれず、五感のレッスンを積み重ねることが感性のよき糧となるだろう。美意識を高め、雨情を読み解き、五感を磨くことの先にこそ、雨景らしい味わいが出てくるというものである。

さて、「味わい」とさらりといったが、読み解くにはなかなか手強い五月雨である。無理を承知でその中味を少しばかり共有しておきたい。すでに述べたように、五感への刺激で得られる印象を、私は「五官味（視覚、聴覚、嗅覚、触覚、味覚で味わうこと）」と呼んでいる。この場合、感官への刺激とは、すなわち①目で味わう→眺めの雨、②耳で味わう→雨の音、③肌で味わう→大気の湿感や濡れ、④鼻で味わう→大気の匂いやものの香り、⑤舌（口）で味わう→雨を眺めながらの飲食などを指すが、これだけで味わいが成立するとは考えない。そこには知的反応が必要である。このようにいうと難しく聞こえるが、要は雨という事象の有する種々の言語情報などが奏でる意味作用をいう。各人の知識や教養に依存するこちらのほうは「知味《ちみ》」と呼んでいる。つまり、ここでの味わいも「五官味と知味の融合」であると考えたいのである。

ところで、五官味はわかりやすいが、ここでの知味とはいったい何だろう。知味を支えるものは雨にまつわる歴史的・文化的現象、すなわち地名、神話、詩歌、文章による描写、絵画、映画などの知的資源である。こうしたことを実際の雨景体験でどのように活かしたらよいのだろうか。先達が見出した雨の佳景の追体験を引こう。

雨縁《うえん》の地として知られる最上川の雨を眺めるときに、

五月雨を集めて早し最上川　　芭蕉

や、その対比として、

五月雨や大河を前に家二軒　　蕪村

の句を重ねれば、風景の印象はいやがうえにも高まろう。たとえばそうしたことをいいたいのである。

とはいえ実践となると、このような時間を持てる人は幸いであるが、現実は厳しい。そこで、忙しい日常に追われる人でも可能な、身近な出会いで考えよう。さしあたり次のようなことはどうか。見慣れた日常景のなかに雨の似合う場所の目ぼしをつけておくのである。

田舎なら、田圃の青々とした稲が五月雨に似合うこの時期、都会には雨に映える紫陽花《あじさい》、菖蒲、薔薇がある。今を盛りの美しさをふりまく花々の競演を、通勤や通学や買い物の途中で見つけるのもよし、また、休日ならば、お気に入りの公園や緑道

＊31
「雨が降ると、わたしはむしょうに出歩きとうなる。きものを常より短かめに着て、蛇の目をさして、利休をはいて、口もとのお紅をちょっと濃うして、ぶらっと町へ出る。別に行くあてはないけれど、清水さんの舞台に立って、墨絵のような景色をながめるのが好きである。／灰色の空の下に、目を洗うような木々のみどりがあって、向こうに見える子安の塔が煙っている。こんな日は、傘をさしてまで、舞台に立つ人は少ないので、よけいひっそりとしていて、立去るのが惜しいくらいである。／大徳寺の高桐院の方丈で、お庭を見ながらおうすをいただくのも、心がやすまるし、苔寺は、梅雨のころがいちばんお庭が美しい。ほんまに、雨が降ると、どこへ行こうかと迷うほど、わたしは雨の京都が好きである。そして、蛇の目をさして歩くのが好きである。そやから、蛇の目の傘がなんぼでもほしいなって、ある日はとばの無双をさしたり、紺の蛇の目にしてみたり、ひわの柄風のやらで、知らん間に傘の道楽になってしもうた。目の覚めるような深紅の傘は、うしろ姿だけ見てもらうことにしまひょ」（『京のてづくり』講談社、一九七四）

を、水際で綾なす雨の水輪を楽しみつつそぞろ歩きするのも一興である。その際、ひと息つく余裕があるなら、雨宿りを兼ねてかたわらのティーショップに立ち寄り、花たちの佇まいを眺めるのも風情がある。と同時に、私なら窓際に座り、雨の日の楽しみを綴る大村しげの『蛇の日傘』の一節[*31]を思い出しながら、往き来する人々の色とりどりの傘の華を、それをさす美しい仕草とともに楽しむ（図1−32）。余計なことだが、できれば二階ぐらいのところからやや俯瞰的に眺めたほうが美しい。あるいはもっとダイナミックに眺めることもある。雨模様を見計らって高層ビルに出かけるのである。

梅雨糸の如し。……特に高に登りて東京全都を望めば、新緑蒼々、烟靄模糊の間に在り。……梅雨は実に凡俗なる東京をして、深雅なる東京と化せしめたり。

（徳富蘇峰『寸鉄集』）

これなどは「高所遠望の雨景」といえるが、こうした伝統のある眺め方をまねることもいい。雨に煙った上層階に登り浮遊感を楽しむ。しばしの間スカイレストランで雲上人の気分を味わおう（図1−33）。もちろん、雨景の総仕上げとして雨上がりの楽しみも見逃せない。香気みなぎり立ち昇る大気の匂いを味わい締めくくる。

このような日常にもさりげないが美しい雨がある。種々様々である雨見のかたちを日常生活に取り込む工夫が望まれる。雨が降るだけでは美は生まれない。美しいと感

図1−32　雨中に咲く傘の華

じる心、味わうゆとりが必要である。

時雨ごこち

晩秋から初冬にかけて、北寄りの風に乗った団塊状の雲の通過がもたらす雨の現象という、地理的な一定の条件を要求するしぐれの雨は、「神無月降りみ降らずみ定めなき　時雨ぞ冬のはじめなりける」の言葉どおり、降り方が個性的であることもあって、春雨とともに古代から愛されてきた風景現象の一つである。毎年繰り返されるこの現象は、様々な風景と引き合わされ、数々の雨の風景文化を生み出した。特にその発生が顕著な場所においては、雨としてはまことにめずらしく地域名を冠した固有名すら生まれている。「北山時雨」[*32]—雨は名所化されにくいが「しぐれ」は別格らしい。

時雨の語源は「シバシクラキの義、シクレアメ（陰雨）の略、シグレ（気暗）の義、シゲククラム（茂暗）の義、スグル（過）の転、等々」いくつか知られているが、いずれにしても「暫し暗くなって」というのがもっとも支持されているようだ。この雨は長雨とともに比喩的意味を帯びることの多い言葉である。そのこともあってか、他の雨にもまして心情投影の対象になりやすい。先に触れたように、「長雨＝眺め」とは、「ながあめ」と「物思い」とが結びついた言葉であって、梅雨時のしとしと降り続く雨をもの悲しい満たされぬ思いで見つめる、という意味がある。時雨のほうは、「しぐれる、しぐれする」で「涙ぐむ」や「悲しみの涙を流す」という意味を持っている。雨は一般に涙にたとえられるが、動詞にまでなっているのはあまり見あ

図1-33　スカイレストランでは浮遊感が味わえる

＊32　時雨とは降ったり止んだりする小雨である。そのなかでも特に、京都の北山辺りから降り渡るものを北山時雨と呼ぶ。

たらない。時雨が醸し出す情緒的な雰囲気が導いた特徴の一つであるといえる。では、そうした特徴をもたらす時雨独特のおもしろさとは何か、再び「五官味」と「知味」の視点からいくつか固有の味わいに絞って引き出してみよう。先人の審美眼にとまり、彼らが描き出した風景にじかに触れながら、五官味からは視覚と聴覚、知味からは言葉の波及効果でのアプローチである。

人々の目は、時雨をもたらす叢雲で見え隠れする月や太陽や星をとらえることが多く「定めなくしぐるる空の村雲に　いくたび同じ月を待つらん（『新古今和歌集』五九六）」と詠む。関連して「池の星またはらはらと時雨かな　立花北枝[*33]」と水面に映る星影のまたたきで時雨を知る。また、夕日の射し込みと遠方に時雨が降ることの同時的体験に「柴の戸に入日の影はさしながら　いかにしぐるる山べなるらん（『新古今和歌集』五七二）」と驚きを示す。ほかにも、「雲脚が疾く空を圧して……庭の面が急に暗くなって……急にはらはらと時雨がこぼれて来た。疾走する雲間を洩れて、折々の日影が閃くので、銀のつぶてのような雨は……、（吉江孤雁[*34]『風』）」「……ぱらぱらと降り出す。……ふと日光が雨に濡れたばかりの細枝の繁みをちらちら漏れて来る時には、俄に目ばゆい程光出す。（長谷川二葉亭[*35]『あひびき』）」のような描写がある。これらは視覚にかかわる典型的な表現の一例にすぎないが、おしなべて雨雲の動態、水面や植物などの媒介物による視覚化、照り降りの繰り返しにともなう濡れと輝き、時雨の持つこうした性質が人の心をとらえ美的印象を引き出すらしい。

人々の耳は、「槇の屋に時雨の音の変わるかな　紅葉や深く散り積もるらん（『新古

＊33　江戸期の俳人、加賀国（石川県）の人（〜一七一八）。金沢の蕉門の中心的存在として活躍。著書に『卯辰集』『山中問答』など。

＊34　詩人、評論家。フランス文学者の吉江喬松の号、長野県生まれ（一八八〇〜一九四〇）。早稲田大学に奉職して仏文科を創設。著書に『緑雲』『仏蘭西古典劇研究』など。農民文芸論を唱道したことでも知られる。

＊35　二葉亭四迷ともいう。本名、長谷川辰之助、尾張藩士の子として江戸に生まれる（一八六四〜一九〇九）。坪内逍遙と交流を結ぶ。写実主義小説『浮雲』は言文一致体で書かれ、日本の近代小説の先駆となった。

今和歌集』五八九）」あるいは「楠の根をしづかにぬらす時雨かな　蕪村」のように、屋根や草木などにあたる音の変化を繊細に聞き分ける。また、雨音の移動や継続の様子などにも注意深く耳を傾け「余は時雨の音の、淋しさを知って居る。しかし未だかつて、原始の大森林を忍びやかに過ぎゆく時雨ほど淋しさを感じたことはない。これ実に自然の幽寂なる私語である。（国木田独歩[*36]『空知川の岸辺』）」「……水流林より出でて林に入る。落ち葉を浮かべて流る。をりをり時雨しめやかに、林を過ぎて落葉の上わたりゆく音静かなり（国木田独歩『武蔵野』）」と聞く。さらに雨後の静寂を「……時雨は一しきり降りまさりて、満山の薄さわさわと人あるが如し。傘を翳して暫し佇む程に、時雨はぱつたり已み、あとの静寂たとふる物なし（徳富蘆花[*37]『自然と人生』）」と受ける。こうして時雨の音は単なる雨音から音霊《おとだま》へと変わる。

「知味」に移ろう。「しぐれ」の言葉は、「時雨小紋」「時雨垣」「蝉時雨」「時雨羹」等々の言葉が証明するように、その特徴からの連想や見立てで様々なところに進出している。特に私の気を惹くのが食の分野である。よく知られているように、「時雨煮」「時雨蛤」「時雨味噌」「時雨饅頭」「時雨餅」「時雨松」などの食べ物や菓子がある。代表的な言葉「時雨煮」とは、牡蠣や蛤貝のむき身、特に蛤のむき身を昆布の出し汁に酒と醤油、そして山椒や生姜などを加えて辛煮したものをいう。名の由来は定かではないが、ものの本によると、蛤がおいしさを増し味のよい生姜が出まわる頃と、時雨の降る時期とが重なるからだという。だとすれば、季節感や味の充実などの記号的意味が込められた洒落た名付けである。

＊36
詩人、小説家。本名、哲夫、千葉県に生まれる（一八七一～一九〇八）。抒情詩人、浪漫主義的作家として出発し、自然主義文学の先駆となる。

＊37
小説家。本名、健次郎（一八六八～一九二七）。徳富蘇峰の弟。『不如帰（ほととぎす）』で文壇にその地位を築いた。

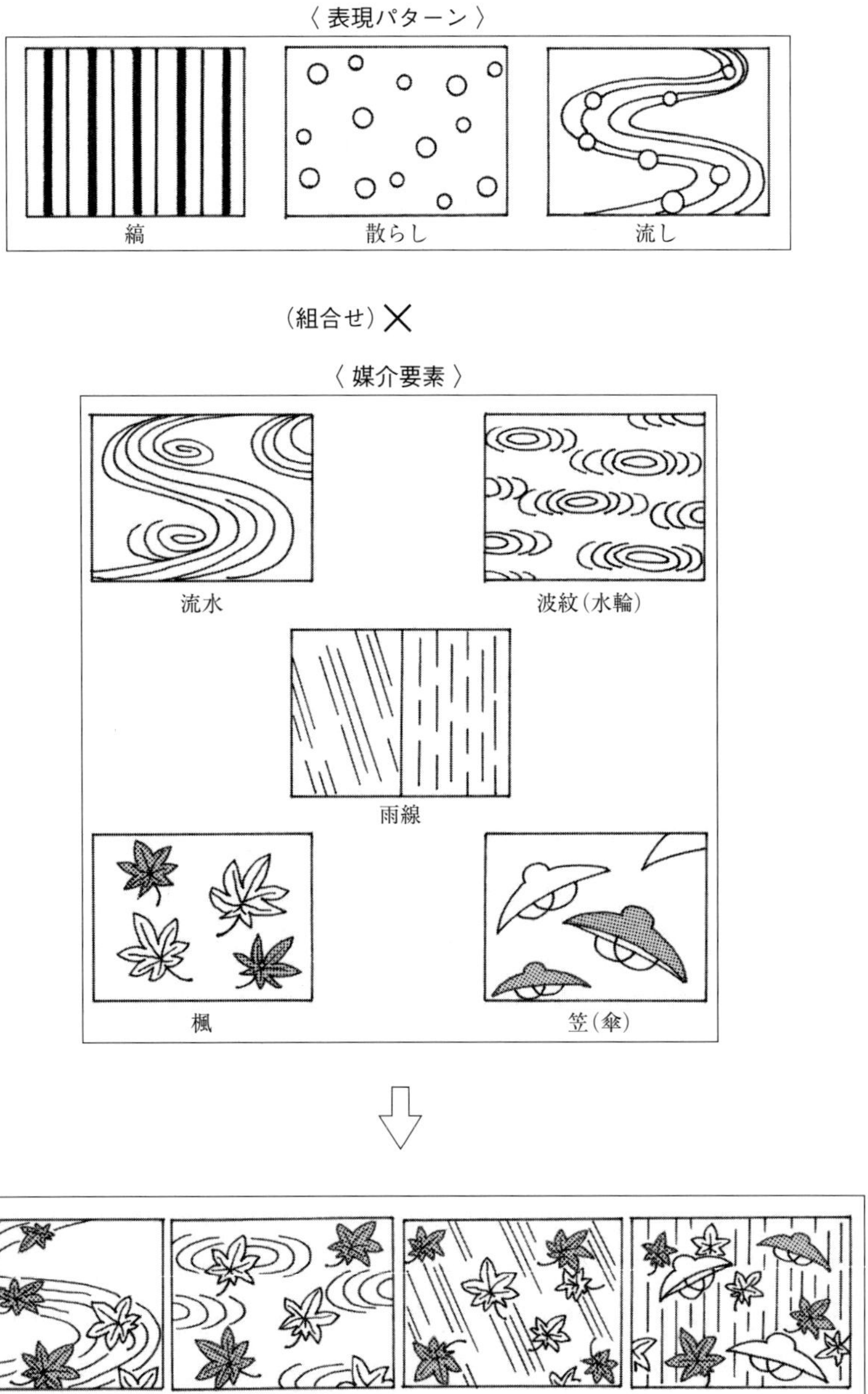

図１-34　「しぐれ」の図案化

私の知る範囲では、食の世界で雨にかかわる言葉はあまり見かけない。食材の「はるさめ＝春雨」を除けば、他には時雨の次に到来する霙《みぞれ》を冠した「みぞれ何々」ぐらいしか聞かない。霙とは溶けかけた雪と雨が混ざって降ることをいう。その状態や様子を見立てて、「みぞれ鍋」（大根や蕪《かぶ》のおろしなどを使った鍋物）「霙和え」（おろし和え）「霙の吸い物」（鯛などの身を小梅ほどに丸め熱湯でゆで、たまりや味噌仕立ての汁で煮たものを冬に食するときの称）「霙酒」（奈良特産の味醂の名、麹の粒が溶けきらないで混じっているのをみぞれに見立てていう）などの名前がつけられている。「時雨何々」や「霙何々」、雨にかかわる数少ない味わいとしてどれもが大切にしたい食である。

こうして眺めてきてわかるように、雨の美を理論的に証明するのはなかなか難しいし、美しい感動を人に伝えるのも同じくらい難しい。が、先達の見出した雨の佳景があって、それを様々な場面に引き出し眼前の風景に重ねて得る感動は万人に等しくもたらされる喜びである。

第2章　解釈と操作

1　音の紡ぐ「食」と「景」

日本の風景文化に浸透し重宝された景色の見方の一つに「八景式観賞法」*1がある。「瀟湘《しょうしょう》八景」縁《ゆかり》のそれにならえば、八景のうちに晩鐘や夜雨が一景ずつ与えられる。視覚が退く時間の入相や夜は誰もが耳を傾ける体勢となる。遠く鳴り渡る鐘の音やしめやかな夜の雨音などは、その状況に似合いだ。視覚像にも増して音像を引き立てた淡いが鋭い感覚、音の佳景を意識した先達の、この美的センスに共感を覚える。こうした、われわれ日本人の音像の読み解きにはどこか独特の感性がうかがわれる。

言霊《ことだま》、山彦《やまびこ》、木霊《こだま》、音連《おとづ》れ（＝訪れ）などの語源、また『古事記』の天照大御神の天岩屋戸の神事の描写「……天之岩屋戸《あまのいわとやとに》汗気伏《うけふ》せて踏みとどろこし、……爾《ここ》に高天原《たかまがはら》動《とよ》みて八百万神共《やおよろずのかみとも》に咲《わら》ひき」、あるいは「……岩根《いわね》・木立《きねたち》・草の片葉《かきも》も辞語《ことと》ひて、云々」といった『常陸国風土記』の記述などが示すように、われわれの先祖がアニミスティックな言語生命観を有し、声や音に秘力を感じとっていたことはよく知られている。また、神と人間との共飲共食において、柏手、祭文《さいもん》、祝詞《のりと》など音の介在が認められるように、あるいは饗宴につきものの謡い踊りのルーツなどがたどりきれないほど古いように、食の場面でシンボリックに音が介在するのは、「美《うま》し国」日本の精神文化の根元に見出せる。そうしたわれわれ日本人の音声観の歴史はとても興味深い。

そして、鳥のさえずり、虫の音、雨音、竹林のざわめき、といったものが一服のお茶

*1
八景のモデルは中国の瀟湘八景である。これは、中国湖南省の洞庭湖に注ぐ瀟水と湘水の風水のなかから「平沙落雁（秋に雁が隊列を組みながら飛び来たり飛び去る姿）」「遠浦帰帆（夕刻に船が湊に戻ってくる様子）」「山市晴嵐（晴れた日の霞や靄、あるいは青葉の頃に吹く薫風）」「江天暮雪（夕暮れ時の雪景色）」「洞庭秋月（秋の夜空に冴える満月を望む様子）」「瀟湘夜雨（夜に降るしめやかな雨の情景）」「煙寺晩鐘（寺鐘（時鐘）の鳴り渡る暮れ方の風情）」「漁村夕照（ものがみな茜色に染まる美しい夕映えの光景）」の八佳景が定められたもので、北宋の宋迪がこれらを画題としたところから始まるといわれている。瀟湘八景に端を発するこの観賞方法の特徴は、美的体験を与える観賞地点をまず発見し、そこでの体験をさらに高める条件や体験方法、すなわち、季節、時刻、気象、事物（天象・動物・植物他）など、景観を魅力的にする演出条件や、視覚的な楽しみ方や聴覚的な楽しみ方などをあれこれ求めるところにある。

とともにあれば幸せになれる。

さて、自らの経験を振り返ると、音が大切にされる、あるいは必要とされる景色があれこれと浮かんでくる。たとえば、せせらぎ、潮騒、滝、などは音なくしては成立し得ない眺めである（図2-1）。しかもすでに音のイメージが言葉に宿っている。落水や流水や波など、その場に発生する音を個別に取り出しソノグラムなどで分析すれば成分がノイズ[*2]と近似する音でも、視覚像と共存すると雑音のようには聞こえないという不思議がある。ただし、絶えず聞こえる、また、几帳面に反復、重複する音が、

＊2　あらゆる周波数の音の成分をほぼ同量ずつ含む音を白色雑音（ホワイトノイズ）と呼ぶ。また、周波数に反比例して、高い周波数の音ほど弱くなるような音をピンクノイズという。

四万十川のせせらぎ

桂浜の潮騒

袋田の滝

図2-1　視覚像と音像との融合

聞き手の心の状態によって苦痛へと変わる場合もある。音の印象の心理的な綾である
こうした微妙な問題は、音源との距離や音の減衰といった操作的な側面からも考えて
おかねばならない。このことは食の舞台に登場する音にあっても例外ではない。

食の風景を支える音のレシピ

多くの人に心地よい味わいや気持ちの高ぶりをもたらすような食事の雰囲気、それを支援する音の環境を探りあてるのは一筋縄ではいかない。が、かなわぬまでも演出の知恵を授かるために私が学びたい事柄がある。景観デザインを磨くことに繋がるそれは、やはり、新たな美の道を切り拓き続けた千利休の茶の湯の思想であり、個性的な音響装置を生み出しそれを実空間のなかで活かした造園技法であり、美的で楽しい社交場として見出され育てられてきた名所の構造である。たとえば茶の湯では、湯の音一つとっても深い味わいがある。

「……まず床の間の絵または生花に敬意を表する。主人は、客が皆着席して部屋が静まりきり、茶釜にたぎる湯の音を除いては、何一つ静けさを破るものもないようになって、初めてはいってくる。茶釜は美しい音をたてて鳴る。特殊のメロディーを出すように茶釜の底に鉄片が並べてあるから。これを聞けば、雲に包まれた滝の響きか岩に砕くる遠海の音か竹林を払う雨風か、それともどこか遠き丘の上の松籟かとも思われる。」

かの著名な『茶の本（The Book of Tea）』（岡倉覚三（天心）著、村岡博訳、岩波文庫）の一節だが、茶室という空間を得て、単なる湯音が意味ある音に変化するというのである。

試みに、標準的な茶懐石の流れに沿い、人為的な音の構成に絞りイメージしてみよう。

［初座］〈寄付・待合：香煎を味わう〉

露地[*3]（打ち水の音：仮想的な音、露地をわたる足音）

蹲踞《つくばい》[*4]（手水鉢の水音：禊ぎ、手・口・心を洗い清める音）

＊水琴窟[*5]あるいは洞水門（水滴の落下反響音）

躙《にじ》り口（入室音：戸の開け閉めの音、畳の擦れる音）

＊蹲踞《そんきょ》と躙り、これらの動作は謙譲の象徴

挨拶（言葉：亭主↔客）

茶釜と風炉（釜音：湯の沸く音）

懐石料理（飲食の作法をともなう音）

→主《おも》菓子を出す

〈中立（休憩）：露地の腰掛で客が休む〉

道具立て：亭主による茶室の中の模様替え、掛物を花に替え茶を点てる準備

＊3　法華経では、草庵、寂寞の境地、真如の本性を表す場所のことで、廬地、路子などとも記される。これを侘びのたたずまいを体現する茶庭（草庵に至るせまい通路）にあてたのが利休であり、茶道の隆盛とともに庭園界で重要な位置を占めるものとなった。外待合いや腰掛け待合いなどがしつらえられた二重露地（外露地、内露地）が一般的であり、時間的、空間的移ろいを感じさせる景観上の技巧が施され、独特の作法も生まれた。

＊4　蹲踞とは、体をかがめることをいう。茶会のとき、客が席入り前に口をそそぎ、手を洗って体を浄めるために用いる。通常、茶室に近い露地に水鉢を据える。蹲踞の構成は、水鉢を中心として前石、右に湯桶石、左に手燭石、使った水は底の深い前面の水門（海）に捨てる。前石は必須の役石であるが、他の石は欠くこともある。

＊5　83ページ参照。

［後座］〈合図の後、再び茶室に入る→点茶作法に沿う〉
茶釜と風炉（釜音：湯の沸く音）
濃茶を練る（茶を点てる音　厳粛・静寂：話すことを控える）
＊炭を直す
→干菓子を出す
薄茶を点てる（茶を点てる音　厳粛・静寂）
道具の鑑賞（言葉：亭主↔客）
挨拶（言葉：客↔亭主）
＊帰途

こうした茶懐石の音のプロセスのなかにあって、簡素ながら一見すると行儀の悪さを感じさせるものがある。それは膳のなかに箸を落とす行為である。「ごちそうさま」の言葉に代わるこの合図は、亭主のもてなしの心と正客他の感謝の心とを結ぶものという。茶席の静寂をつつむ種々の音を解釈し評価する知識も経験も積んではいないが、時として音が言葉以上に意味を伝えるものであることは十分に理解できる。ともすると、下品とされる音すら作法をもって活かすというところに、茶の湯の奥の深さを感じるとともに、研究者としてその美意識を景観デザインの土俵にのせたいという意欲が湧く（図2-2）。

また、由緒や場所性と切り離し、むき出しのまま模倣することの滑稽ささえ承知し

図2-2
静寂という音を楽しむ

ておけば、「鹿おどし」や「水琴窟」、「風鳴琴」や「松籟」[*6]など、造園空間に誕生したいわゆる音の装置の解釈や聴体験の分析は、日常的なレベルからハレの日の食まで扱わねばならない飲食の演出にとって、実践的で頼もしい戦力となる。つまり、静寂《しじま》の意識化や意外性の演出、また、聴点（人間）と聴対象（発音体）との距離の問題（聴距離）や、聴音場（聴点近傍の空間）のしつらいの手法を具体的に探る手がかりとなる。

そして名所である。名所とは、まず眺めが問われるが、音も見逃せない。たとえば、八景のうちの晩鐘だが、入相の鐘は遠音で聞くと一段と風情がある。高度な聞き手なら耳を澄ますと、アタリ（打音、約一秒）、オシ（遠方まで聞こえる音）、オクリ（唸りの音、余韻が約一分続き正確に減衰してゆく）の区別や、微妙な音色さえ聞き分けるという。思うに、寺町界隈を有する都市なら鐘の音のもたらす方位感や空間感が当地の重要なアイデンティティの形成に一役買うであろう。自然音の聴き方にしても、「鶯の谷渡りとは、谷から谷へ鳴き渡るのを頭上で聴くのではなく、足下で聴くのが上等である」などと徒《いたずら》に唱える気はない。が、それでも虫聞きや清流の鰍《かじか》、雨や風やせせらぎなどには、聞きやすい聴距離がありそうである。視覚と聴覚がひときわからむ滝や堰の名所などからは、景観操作の要点として、視対象がどのように視野に納まるか（構図、水平・垂直見込み角、仰角、俯角）、音圧とほどよい聴距離との関係、図音（主体となる音）と地音（背景音）、などが読み取れるであろう（図2-3）。ともあれ、よい食の環境を授かるためには「音のレシピ」も増やしてゆく必要があ

＊6　松の梢に吹く風、またその音を指す。「籟」はひびきの意。

琵琶湖に臨む三井寺の境内

近江八景之内・三井晩鐘
(安藤広重)

視覚的な納まり(構図他)と聴距離の
操作(視覚像＋音像)

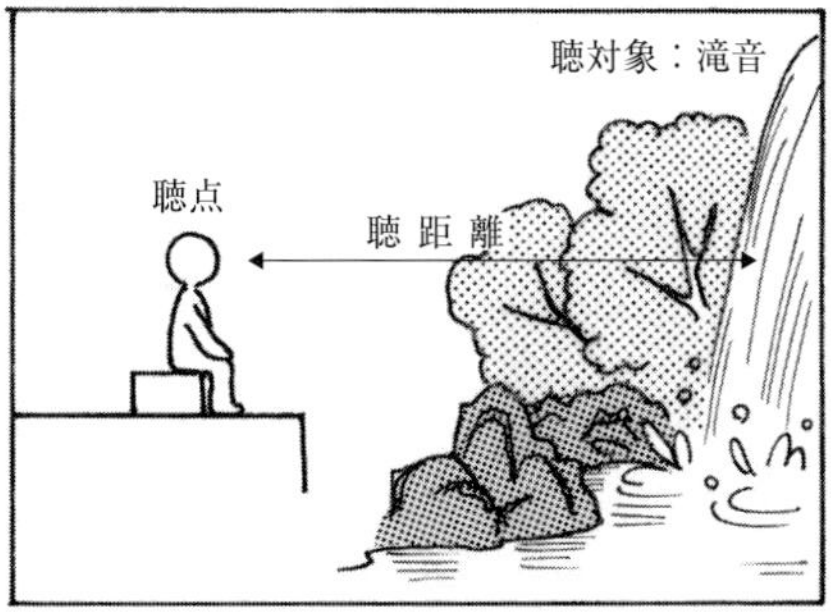

聴点と聴対象との距離の操作

桂川

那智の滝

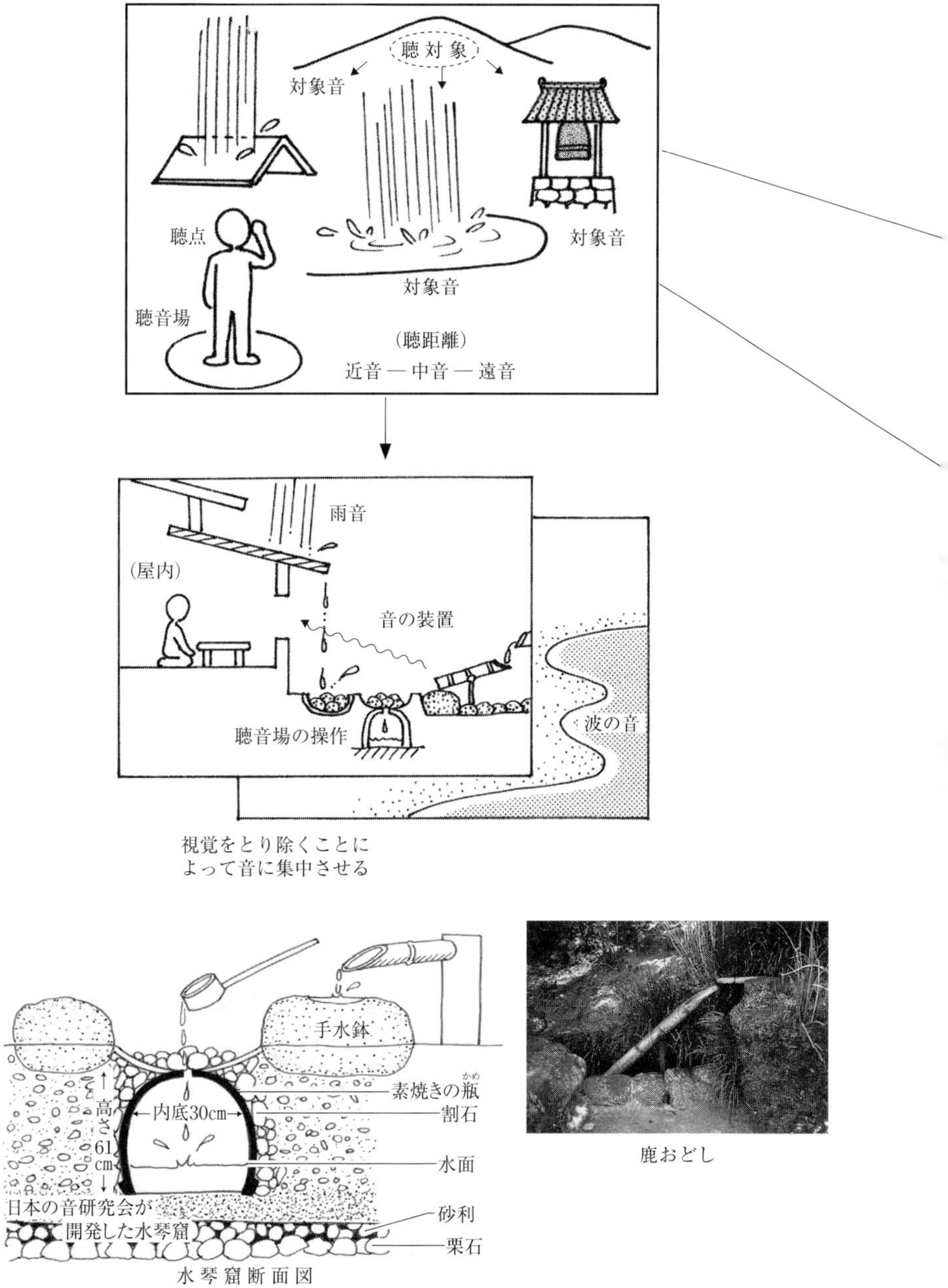

図 2-3　聴体験把握モデルと音の操作

る。そのためなら、わが国固有の音の伝統や捉え方にとらわれることはない。かくいう私は、タイの僧院で聴いた軒端の風鐸を懐かしく思い出す（図2−4）。

2　ディスプレイの値打ち

しつらいともてなし

「出迎えの松」や「見送りの松」と呼ばれるような、住まいの粋《いき》な風情として共有されてきた造園的装置は、遠くから視認できるという視覚的効果に家人に成り代わる来訪者への礼が期待されている。あるいは家の前を掃き清め、玄関先に水を打つ生活作法は道行く人への挨拶としてすがすがしく心地よい。このように、家構えの品格や屋敷まわりの造作、さらにそれをどのように維持管理して住まうかによって主《あるじ》の人柄が偲ばれる。事の大小はあるにせよ、この事情は住宅でも商家でも根本的に代わりはない。が、とりわけ客相手を生業とする後者のほうは慎重な心配りが不可欠である。客の信用を獲得し保つための努力は、気品ある店の姿かたちと表情、清潔感漂うしつらい、親しみのある接客態度等々、店構えから心構えにまで向けられることになる。店の顔ひとつとらえても、商人たちの間に「暖簾《のれん》」を守り「看板」に傷をつけまいとすることに独自の倫理観があったこと、「暖簾分け」や「看板を掲げる」などの派生的な言葉が、商売に関する有機的な意味を重層的に担うことなどはよく知られている。そこに通底するのは、時間を超えて普遍たらしめようというひたむきな強い意志

図2-4　軒端の風鐸（タイの僧院）

である。そうした、いわゆる商いの規範が店の表象や人の仕草にあらわれる。「礼」という根本精神が見えればこそ、人を引きつけ招き入れるような働きかけが生じるものと思う。目利きとなり、目や鼻を利かせて街を歩き、めがねにかなう店を探す。店主との会話や実際に商品や料理を口にしたときの印象がイメージどおりであれば達成感もひとしおであろう。だからというわけではないが、街の小景に遊ぶ楽しみは自然の大景に浴する喜びに等価である、という主張に私も素直にうなずけるのである（図2–5）。

目食《もくしょく》の楽しみ

箸をつけるのをためらうほどの一皿の出来映えやテーブルアート、想像をかき立てる献立、あるいは店先を飾る美しいディスプレイ等々を、目でなぞり味わうという味覚的景観体験の総称を「目食」と名付けてみた（図2–6）。

器と料理に季節の移ろいを映し、色合いやバランスを考えて料理と器の取合わせをする。あるいは、料理を提供する食卓の飾り方や食事空間の照明などの問題等々、「目食」には各場面に則して興味深い事柄があり、それぞれ研究対象としておもしろいが、そのなかでもここではディスプレイという観点で、もっぱら街路景観などで目にする店頭の演出などに絞り景観工学の視点で眺めてみたい。

山と積まれた色とりどりの野菜や果実、砕氷の上にぎっしり並ぶ新鮮な魚介類、商いの原点の一つである市《いち》の賑わいや、街角の華やぎを鮮やかに印象づける光景は、眺

図2–5　もてなしの表象
打ち水、暖簾、盛り塩

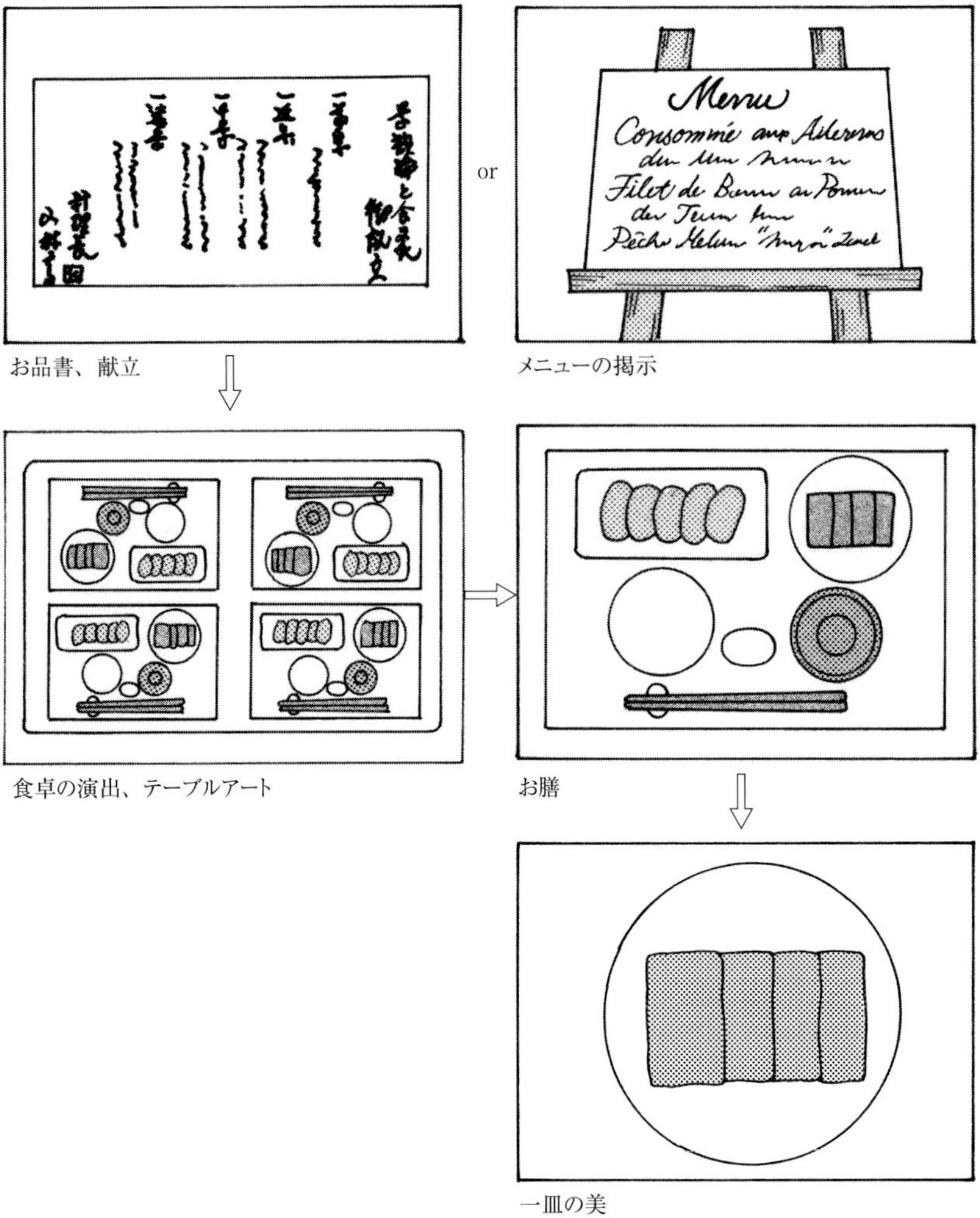

図 2-6　目食の各段階

めて楽しく、また飽きない。あるいは、煎餅やあられの美しい配列、色とりどりの仕分けが見事な平面構成をなす雑穀の配置など、都市の下町には昔ながらの景色が今も残る。熟練を要する積み方や見映えのする配置、そして老舗の店先に残る行儀のよい美しい肌理《きめ》のデザインの数々、そこではまず品揃え自体が美しい飾りとして用いられ、さらにその品物を置いたり並べたりする陳列の道具や場がより広い意味での飾りとなっている。つまり、見られる対象に飾りとしての階層性が認められるのである（図2−7）。

ところで、物を売るということに着目して店頭の伝統を振り返ると、そこには「積む、盛る、立てる、並べる、かける、吊る」などの言葉で表される物品の姿がある。なかでももっとも見映えのよいのが「積む」や「盛る」であり、そもそもその形式や様式の原型は、飾るということが目的の、神への捧げ物がルーツという。当然ながら、眺めるためということが前提とされる。神社に奉納された酒樽や米俵などの供物の積み方を眺めればわかるとおり、台を作り上に高く積む幾何学的なバランスは、見る者へ物量にかかわる安定感や安心感のような視覚的印象をもたらす。それゆえか、そうした品々の姿は贅沢感や豊かさの象徴とされてきた。これが店頭ならば、その視覚的印象に加わること、色や香りがあれば演出の効果は一層期待されるものとなる。

視点を変えて、他に街路景観で気になる眺めに、食のジャンルを問わず食材や調理器具の展示を、処理・加工・調理の技術的振る舞いとともども見せるものがある。これなども、パフォーマンスとしての伝統がある。水干《すいかん》に直垂《ひたたれ》、包丁刀と真魚箸《まなばし》を手にし

図2−7　店先の陳列

てまな板に向かい、客人や貴人の目前で魚や鳥（特に鯉や鶴）を上品にさばいてみせる、いわゆる「式包丁」[*7]という儀礼的調理作法である。料理プロセスの眺めを楽しませるというこの種の演出手法にも匂いや音が加われば（たとえば独特の香辛料や食材の香気に異文化を聞く楽しみ等）演出効果はいやがうえにも高まろう（図２－８）。

ほかにも、レストランの店先に掲げられる手書きのメニューや小粋な小料理屋の店頭にかかるお品書き、そして垂れ飾りの類、味のある文字で商品名や屋号や店名を染め抜いた暖簾、さらに美しい意匠や判じ物の看板にも意味伝達のおもしろさを思う（図２－９）。どれも商いの作法を磨き上げた結果だが、景観研究の立場からは、文化記号論的解釈とともに視点と各視対象との間で成立するであろう生理的視距離などが関心事となる。扱う品物や店構えばかりでなく、レストランの窓際の楽しげな語らいも視対象となる。これなどは店頭や通りの向こうといった、人間の表情の識別限界（視距離にして一二メートル程度）や顔の認知限界（同、二四メートル程度）の範囲が眺める場所として好適である。こうしたスケール感が景観設計の際の目安となる（図２－10）。

わずかながらこうして眺めてわかるとおり、目食の身上とは視対象の味わいを引き出し解釈する遊び心といえる。そしてこの読み取りが多様な目でなされる。すなわち、観賞者は、ある時は旅行者の、またある時は生活者の、またある時は料理好きの人の目を持つのである。その結果得られる景観体験を、たとえば旅先で望む風情の一つに数えたい。幸せなことに、請われれば即座に思い出す情景を私もいくつか持って

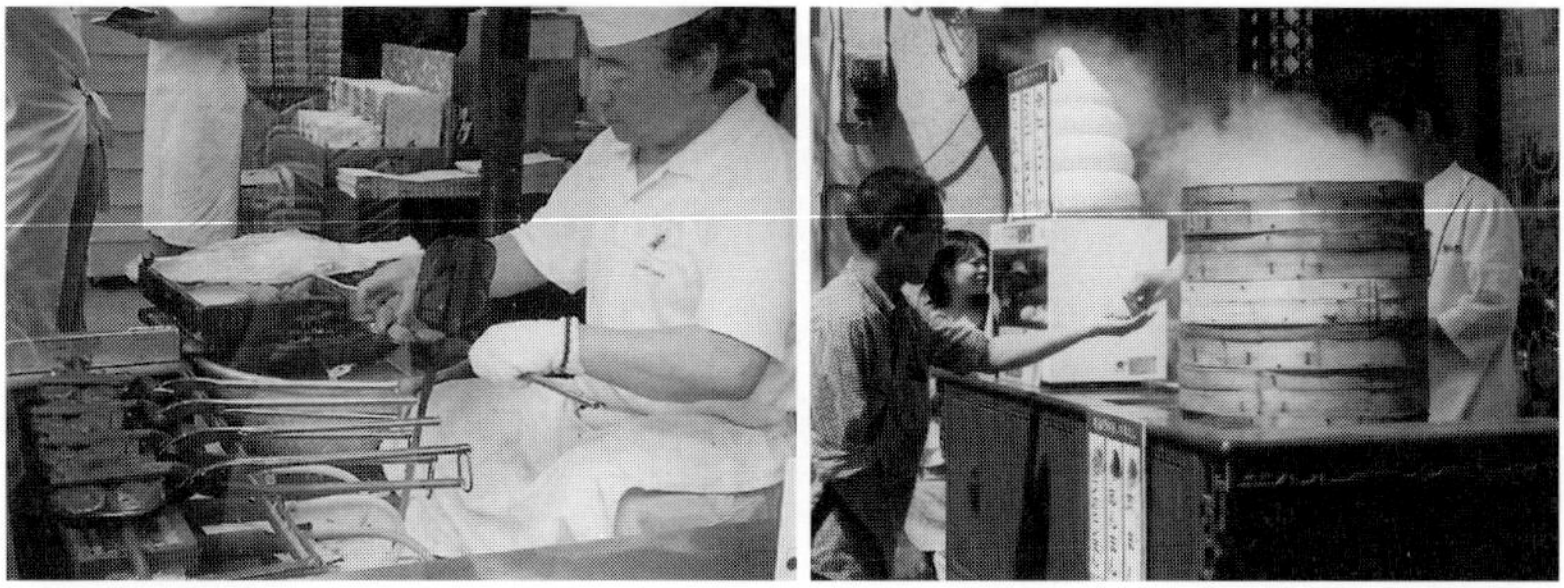

図２-８　店頭のパフォーマンス

図 2-9　店先のサイン

＊7　宮中で始められた料理の儀式であり、その調理作法は中世には一つの流儀として形式も整い、数々の流派ができたり秘伝書が著されるなどした。

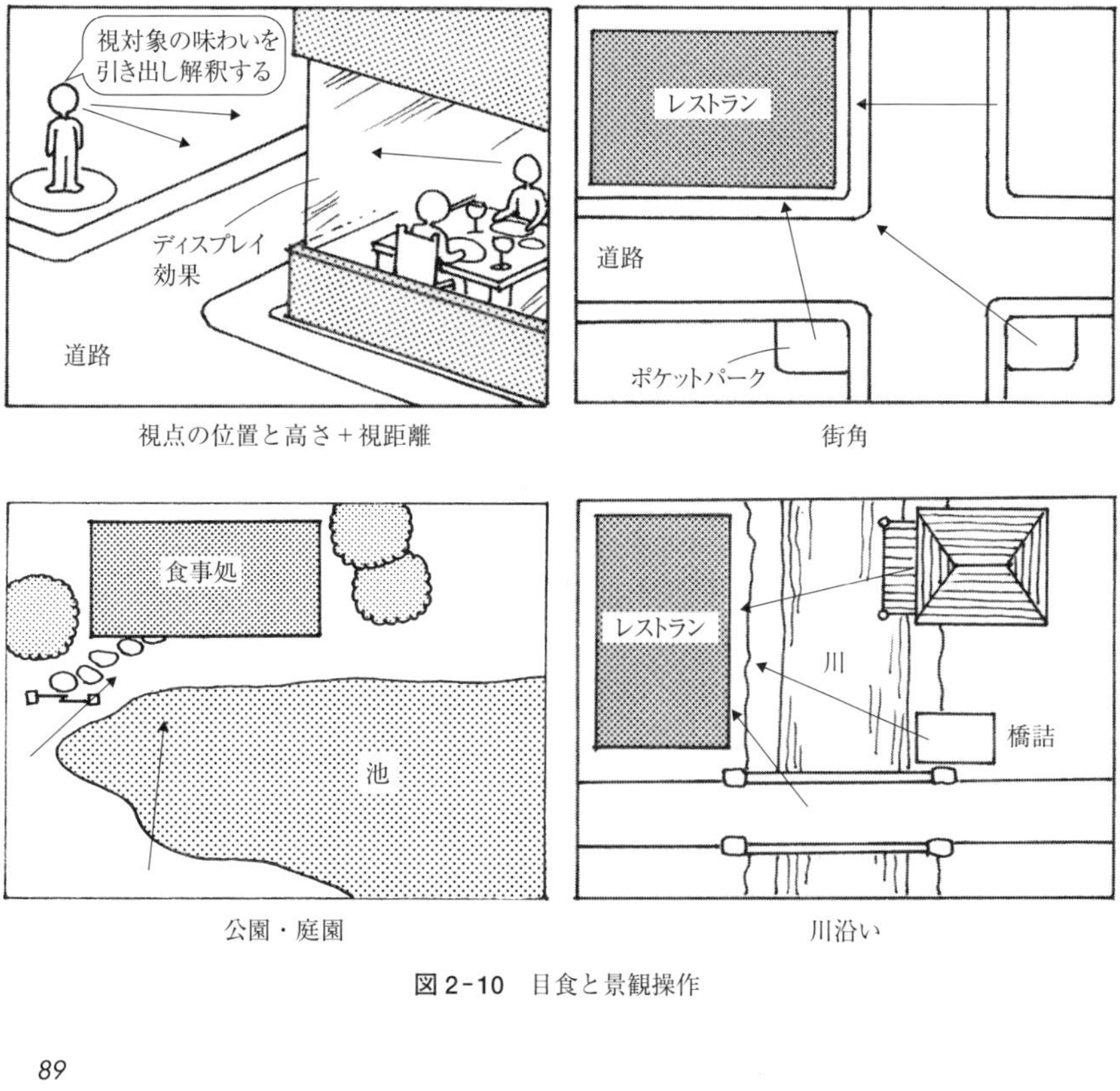

図 2-10　目食と景観操作

いる。国内外の名市場や名物朝市の光景、生まれ故郷の六斎市（毎月一と六のつく日に立つ露店の市）の常景、どの風景にも地元の恵みや旬の特徴が放つ真《まこと》らしさがある。臨場感あふれるその雰囲気に風土を実感する。大きな箱形を設け、炉を切り、木灰や砂や小石で焼き場をしつらえる。炭がおこされ、その火を前にして焼きたての魚を頬張る快感を拒む人はそれほどいまい。

こうして私は景観体験のストックを楽しみとしているが、少々気がかりなこともある。たとえば、模倣や装飾の抱える問題である。その精巧さに舌を巻くほどの食品や料理のサンプルを目にしたとき、私の意識のなかでは、単独作品として受ける感動と、店先の風情との相性の問題とが同居する。時折目にし景観問題としても重要なこの種の事象に、残念ながら現時点では答えを出せない。筆者も取り組むが、今後の景観美論の進展を待ちたい。

3　食味箪笥

赤城颪《おろし》の吹き下ろす地に建つ今の住まいに小ぶりな庭を持っている。掛かりを控えては、少しずつ手を入れてきた。作庭の先人にならい、造作の真似事をしてはそれに呼び名を与えている。地こぶの台杉が「風来杉《ふうらいさん》」、月夜に輝く錆砂利が「月凛《げつりん》の海」、野筋の高まりが「移ろいの丘」、その裾の石組みが「聴雲台《ちょううんだい》」といった具合である。実体的操作と意味的操作との重ね合わせを介した観賞行為の私的実験とでもいえるこ

図2-11　タイの水上マーケット（左）と飛騨高山の朝市（右）

の遊びで、名付けによる味わいの効果を確かめている。この種のおもしろさは分野を問わず共通である。わが料理手帳でも、苦吟しつつ楽しんでいる。名付けによる新たな味わいの発見は、風景でも料理でも変わらないのである。

さて、世に「百味《ひゃくみ》」なる言葉がある。種々の美味・珍味の食べ物を称していう。また、漢方医が薬剤を入れておくのに用いる小引出しのたくさんある箪笥《たんす》を「百味箪笥（＝薬味箪笥）」という。そこでタイトル「食味箪笥」だが、これは「様々な食味体験をしまう場所」という意味合いを込めて名づけた。一皿の出来映えにあらわれる料理人の腕の冴えを言葉でも味わえる知識体系を得、それを磨きたいからである。料理における「風景の言語化」がここでの主題である。

知を耕す料理名

大抵の人は、自分が食したものはその正体を知りたいと考える。五官を揺さぶり五味をあらわす食材と調理の素性はもとより、料理の名前が判明すれば安心感とともに味わいや味覚印象の増幅が実感されるであろう。あるいは懐石料理の献立に並ぶ文字の向こうに、一品ごとの豊かなイメージが広がることもある。意味を介してわれわれの食欲や知覚が刺激される。

優れた料理はあたかも名所や名作のように振る舞い、その名とともに中味が共有され時代を超えて広く知れわたる。料理名の文化記号的働きの一端を示す現象である。料理や調理の名称が実体とは遊離する自立した言葉であることは理解できる。が、実際には名前と指示対象の五感的イメージとは分かち難く、両者は脳で溶け合う。どんな料理も、無名だと味覚体験が腑抜けになってしまうように私は感じるのである。繰り返すが、味覚印象の増幅を狙い名付けをするのはそれも理由である。

その具体的効果をわかりやすく問うと、たとえば食に対する美学的な意識の浸透があり、古典文学などが親しまれていれば、料理名が味わいの道具立てとして機能することがある。やや高度であるが、その典型を和菓子に見る。造型性に富み、四季折々に花鳥風月の風情を映す菓銘は耳目を通じて味わいを深める。菓銘の歴史ある工夫を眺めると、名付け方には次のようなものが知られている。

大まかには「植物（寒紅梅、菜種の里）、動物（鶉餅、鯨餅）、自然現象（春霞、薄氷）、材料・製法（栗羊羹、柚饅頭）、名所（嵐山、高尾）、謡曲（櫻川、菊慈童）、人物（利休饅頭、織部饅頭）、風景（都の春、初日の出）、中国に故事のあるもの（粽、猩々）、生活用品（茶巾餅、砧巻）、衣装（重絹、唐衣）など」があるという（『和菓子の楽しみ方』鈴木他、新潮社、一九九五）。縁付けや見立てに関して、ここで特に目をとめたいのは、名付けの過程で「自然現象」や「名所」や「風景」が引用されている点である。視覚像と種々のイメージとの融合が味覚体験者に託される点が景観的にいってすこぶる興味深い。再び前掲書から、四季折々の移ろいゆく風景を感じさせる菓銘のいくつかを順に引き出してみよう（表2-1）。

例示からもわかるように、姿形と色合いと名前とが合わさって深い味わいが生まれる（図2-12）。また、そうした茶事で用いる和菓子以外にも、全国津々浦々に、景色を思い起こさせるような菓銘が散見される。たとえば、お土産として手にした菓子は、その菓銘から生じるイメージとともに味わわれるのである。その典型的な事例を、『日本銘菓事典』（山本候充編著、東京堂出版、二〇〇四）、『和菓子彩彩』（仲野欣子著、淡交社、一九九六）、そのほか手元にある雑誌の和菓子特集を手がかりにとりあげてみよう（表2-2）。

また、表には漏れたが、他に私の目をひいたものは、たとえば「青丹よし、天の川、庵の月、淡雪、老松、奥三峰、黒松、公園通りの石畳、荒城の月、越の雪、こぼれ松葉、里しぐれ、さざ波、里しぐれ、醒ヶ井、東雲、松林、しば舟、霜一重、州浜、田子の月、大砂丘、月の砂漠、月よみ山路、とこなつ、波路、萩の月、走井餅、初霜、三笠山、みむろ、深山の月、紫草、望月、山かすみ、山川、夕ばえ、雪がわら、雪げしき、夜桜、われ氷」等々である。

季節推移の取り込みなどの点で、茶事に用いる和菓子とはやや異なるものの、こちらのほうは身のまわりの日常景のなかからも何か特徴ある眺めや事物が見つけ出され、それが見立てないしはイメージの引用というかたちで名付けに反映されているようだ。

さて、同じく私の知る範囲に限るが、料理名においても似通った現象があるように思う。『新版　日本料理語源集』（中村幸平著、旭屋出版、二〇〇四）、『料理名由来考』（志の島忠・浪川寛治著、三一書房、一九九〇）他、語源辞典を参考に、試みとしてこちらも幾つか引くと、たとえば気象にからむ景観現象には「五月汁、雷、おぼ

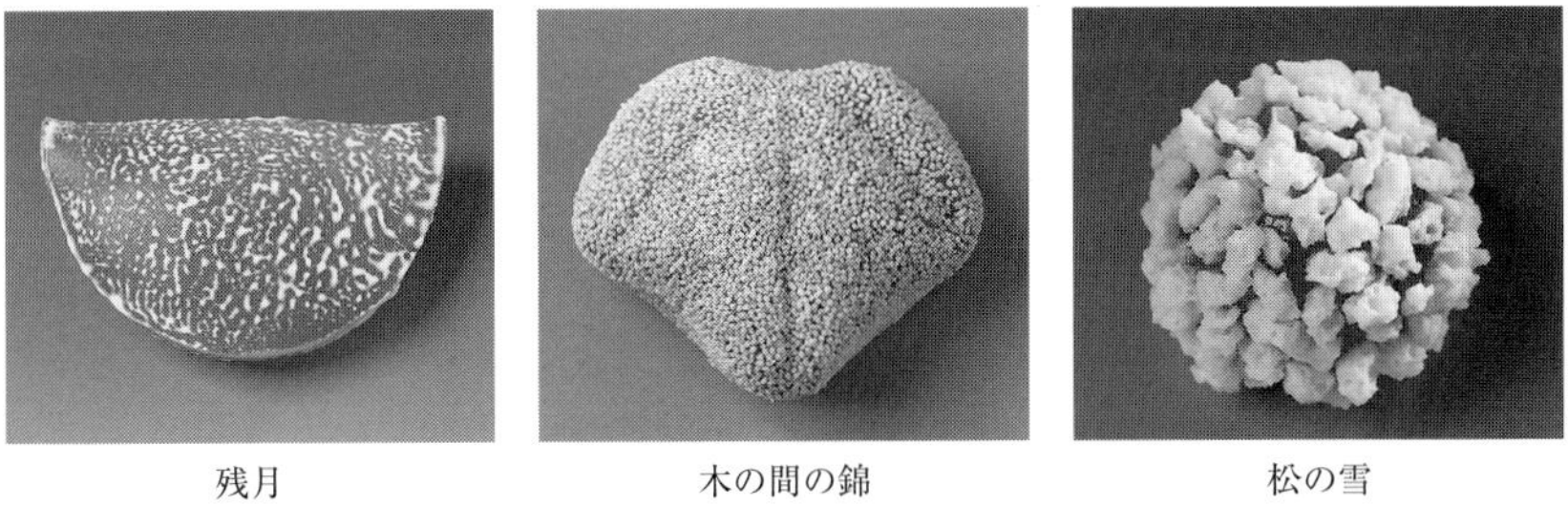

残月　　木の間の錦　　松の雪

図2-12　景観イメージの言葉と和菓子（株式会社虎屋提供。残月は虎屋の登録商標）

表2-1　四季の移ろいと茶事等に用いる和菓子の銘

菓　銘	意味・内容・解説
松の雪	濃緑の求肥（ぎゅうひ）のまわりに細かく砕いた白いカラメルをつけ、松に積もった雪に見立てたもの。降り積もる雪に映える松の緑を表現。
曙	割れた黄身餡の間から見える紅餡を朝の光に見立てて、空がほのぼのと明るくなり始めた頃を表現。
八重霞	緑、紅、黄色の湿粉製（餡、餅米などを混ぜ、ふるいで漉し、そぼろ状にして押し固めたもの）を三段にして、春の野山に棚引く霞の風情を表現。
沢辺の蛍	きんとんに琥珀糖を配して蛍の飛び交う情景を表現。
初秋	黄の栗製（寒天と砂糖を煮とかした液にみじん粉を加え、栗色の色素を加えたもの）と黒の琥珀製とを組み合わせ、その配色で初秋の情景を表現。
残月	生姜風味の生地を焼き、餡を包んで半分に折り、すり蜜を塗って、残月の余情を表現。
紅葉きんとん	色鮮やかな赤、黄のきんとんで、錦織りなす艶やかな紅葉の風情を表現。
木の間の錦	樹間に見える蔦の葉が黄から赤へと色づく様を表現。表面に荒粉を付け秋霧に覆われた風情を加味。

表2-2　景色を想起させる菓銘

菓子の名称	意味・内容・解説
磯かぜ	美しい海岸を有し海苔の産地であったという、かつての景勝の地の面影を、カステラ生地の中に黄身餡を入れ、焼き上げた後、青海苔とグラニュー糖を混ぜたものをまぶして表現。
汐見	かつて賑わいを見せた、白波の打ち寄せる白砂青松の地のイメージを一口大の丸い真っ白な落雁仕立ての皮の中に漉し餡を包んで表現。
風紋	砂丘にできる砂のうねりを、玄米粉に寒梅粉、和三盆、白砂糖、梅のエキスを適量加えて作る落雁で表現。
あかね雲	薄いカステラを鉄板で焼き、中に小倉羊羹を入れて表現。
薄氷	薄い煎餅種を氷が割れたように矩形や梯形に切り分け、和三盆製の糖蜜を引き表現。
鳥海の雪	紫蘇餡、蕗餡を入れて、みじん粉で棹状に固めたもの。小口切りの形状を鳥海山に見立てた。
花いかだ	小麦粉に黒砂糖を入れて練り、薄くのして短冊形に切り、桜の花の塩漬けを一輪のせ、波打たせて筏をかたどり焼成する。
山路	蜜煮にした柴栗を潰してそぼろにしたものと、糖蜜を含ませた粒栗とを交互に重ねて蒸した棹物。断面を木曾街道の石畳に見立てた。

表2-3　「見立て」あるいはイメージの引用と料理名

	料理の名称	意味・内容・解説
気象現象による見立て	五月汁	●河豚の皮、焼き豆腐、椎茸や牛蒡などの野菜類を用い、塩をベースに醤油を少量加えて調味する。河豚＝鉄砲、当たると命がない＝食べた後の命の保証はない→食べた後は闇、この闇を五月闇にかけてこの名が生まれたという。
	雷干	●白瓜の両端を切り、種を取り去り螺旋に包丁を入れ塩をして１～２時間そのままにおき、これを天日で干してつくる。出汁と酢を合わせて淡い塩加減にしたところに漬け、さっと水洗いの後、水気を絞り白酢和えなどの酢の物に使用する。螺旋状の干した姿が雷神の太鼓に似ている、あるいは白瓜の旬が夏であり雷の多いときに作るから、などが命名の由来という。
	雷豆腐	●水気を切った豆腐を葛粉、溶き卵の順につけ、粒の本葛を回りにつけて油で揚げたもの。揚がり具合がごろごろとして、雷神の太鼓を思わせるところからという。
	おぼろ	●一般的に霞んで見えるような料理を指す。たとえば、おぼろ豆腐とは茹でた豆腐に片栗粉の餡をかけたものをいい、それがおぼろに見える様子からの命名という。
	時雨煮	●第１章の3. 雨見の美学の「時雨ごこち」参照。
	淡雪	●春の淡雪が黒い土の上に今にも気炎ばかりにうっすらと積もっている情景に見立てて、泡立てた卵白少量を上置きにした煮物料理を指す。 ＊関連するものに、白酒焼、つくも、淡雪豆腐、がある。
	霙	●時雨煮に同じ。
その他の見立て・地名等	田毎	●一般的に、「田毎の月」に見立てて、一人前の料理に卵黄が一つずつ入っている料理を指す。 ＊この種の料理に、田毎豆腐、田毎蒸し、がある
	龍田	●紅葉の名所である龍田川に因んで、熱によって材料が赤黒く色づく様を、やや強引に紅葉に見立てて「龍田何某」と名付ける。
	鞍馬	●アケビの新芽を醤油で辛く煮た木の芽煮を「鞍馬煮」といい、木の芽の宝庫である鞍馬に因んだ命名という。＊関連語に、竹の器に料理を盛ることを指す「鞍馬盛り」がある。
	信田	●大阪府和泉市にある信田の森にある信太稲荷の狐の伝説に因んで、狐の好物である油揚げを使った料理に「信太(信田)」の名前をつける。 ＊この種の料理に、大根の信田煮(別名:信田砧)、信田ずし、がある
	宇治	●茶どころとして有名な宇治にあやかり、抹茶を使った料理に「宇治」という名をつける。 ＊この種の料理に宇治滝川、宇治橋蒲鉾、宇治焼宇治豆腐、がある。
	信濃	●日本の代表的な蕎麦どころである信州信濃にあやかり、蕎麦を使った料理に「信濃」の名を付ける。 ＊関連語に、信濃揚げ、信濃蒸し、信濃煮、がある。
	吉野	●葛の名産地である吉野に因み、葛を用いた料理に「吉野」の名前をつける。主材料ではなく「吉野あん」として使用する。
	磯辺	●浅草海苔を使った料理に「磯辺」の名前をつける。 ＊この種の料理に、磯辺巻、磯辺焼、磯部揚、磯辺和え、磯辺おろしがある。
	滝川(豆腐)	●滝川の水の流れになぞらえて、豆腐に寒天やゼラチンを加えて型に入れて冷まし、ところてん状に押し出すか、包丁で細切りにしたものを指す。白豆腐を糸蒟蒻状に切ったもので、細切りの豆腐が激しく分かれて流れ下る滝川の水の流れに似ていることからの命名という。
	水玉	●海の波のような感じに切って盛り付けたもの。しぶき（水玉）が飛ぶという連想で付けられた名
	沖	●「沖」のつく料理は、船乗りが沖へ出て船の上で作る料理というのが由来。新鮮な材料を用いた即席料理である。 ＊この種の料理に、沖なます、沖すき、がある。

ろ、時雨煮、あわ雪、松風、霙、他」が、名所には「田毎、龍田、鞍馬、信田、宇治、信濃、吉野、磯辺、他」、それ以外にも「滝川豆腐、沖」のように、具体的な形姿や漠然とした印象からの発想で生まれた名前がある（表2-3、図2-13）。

消えなくに又やみ山をうづむらん　若菜つむ野もあわ雪ぞ降る
藤原定家（『定家卿百番目歌合』）

帰る雁田毎の月のくもる夜に　与謝蕪村

のように、関連する歌枕の地や名歌名句の幾つかを思い出せるくらいの、文学や地理学への少々の心得があれば、意味内容を料理にかぶせて味わうことができる仕組みである。

食の美質を成す気色《けしき》

料理人と客との居心地のよい関係の成立には交わされねばならぬ約束事がある。それは、同席する者の悦びを温かく包む美しい箸使いや立ち居振る舞いといった、味わう側の礼儀たる食事作法である。この黙契が心ある料理人の目を光らせる。彼は、一つ一つの動作に気を遣い、選び抜いた言葉で説明してくれるであろう。われわれはそれを支えるに足る料理の文化を築いてきた。たとえば、刺身の切断面の美しさなどが勝負となる包丁使いに「引き造り（材料に対して包丁を垂直に入れて切る）、へぎ造

図2-13　景観イメージの言葉と料理。「信州　更科　田毎の月」（安藤広重）「田毎」とは名所の月に見立てた卵料理。事例は、とろろに黄身を落とした「月見そば」

り（包丁を材料に対して斜めに入れて手前に薄く切る）、糸造り（あらかじめ薄く切った材料を、さらに線のように細く切る）、花造り（細造りにした材料を花びらに見立てて並べた造り）、八重造り（一度切れ目を入れた後、引き造りの要領で切る）、鳴門造り（切り口を渦巻き状にする造り）、波造り（包丁の向きを微妙に変えながら表面を波のように切る）、鹿子《かのこ》造り（細工造りの一種、縦横に細かく包丁目を入れる）、唐草造り（細工造りの一種、唐草模様をかたどる）、等々」と、いちいち名前が与えられるのは、手際のよさが技術美として味覚に貢献するからにほかならない。また、その刺身を器に盛り付けるに際しても視覚的効果、すなわち皿の景色を狙った約束事とその言葉がある。たとえば、いわゆる山水盛りは「山水庭園」[*8]にならった一種の箱庭的見立てである。まず正面を決め、高く山にした向こうからこちらになるに従って末広に低くし、手前に余白をとる。白髭大根や白髭独活《うど》などのつま類を山の形成や飾りとして用い、掻敷《かいしき》、けん、あしらい、山葵台《わさびだい》などで季節感を演出しつつ最後に全体のバランスを整える盛付け方である（表2-4）。こうした一皿とその提供に込める料理人の趣向を、無理を承知で図2-14に整理したが、図のとおり、とにもかくにも美的様式性を帯びながら披露される見事な職人技が、種々の言葉ともども鑑賞され味わわれるところにこそ美味の本領がある。食事とは料理だけでなくそれにまつわる様々な属性をも食べること、といえるのである。その意味で、料理の名前や技術用語などの言葉とは、仕上がりの一品の質をさらに高めるものとして期待されるのである。

さらにこのような創意工夫や考案が下地となり、そして料理の名とともに一椀、一

＊8
築山を造り泉水を掘り、山水の景色をかたどって造った庭園。もともと「山水」とは視覚的な景観に重きをおいて、山と水とのある景色や自然の風景をいう。

表２-４　季節感の演出

種類等	季節			
	春	夏	秋	冬
あしらい	花弁百合根 花弁生姜 花弁独活 菖蒲独活 蝶々野菜 春菊 つくし 早わらび こごみ 菜の花 桜花塩漬け	葉付き胡瓜 水玉胡瓜 花丸胡瓜 花穂じそ 花茗荷 水玉ラディッシュ 新蓮根 蓮芋 アスパラガス	細根大根 菊の花 むかご 小菊 紅葉 桔梗なす 焼きしめじ茸 芽くわい	芽かん草 ちしゃとう 唐草大根 渦巻き大根 松露 黒豆松葉打ち
	＊通年：より独活、防風、岩茸、水前寺海苔、莫大海、海苔全般、大徳寺納豆、こんにゃく、オレンジ釜、各種山山葵台			
けん	独活 丘ひじき	胡瓜 南京 白瓜 糸瓜 茗荷 茗荷竹 ラディッシュ 新蓮根 蓼 蓮芋	くり 蕪 白菜 山芋	大根 ちしゃとう 白髪葱 くわい 長芋
器・掻敷	竹皮 桜花大根 桜の葉 桜の枝	小冬瓜 小南京 白瓜 大葉 葉桜 蓮の葉	葉付き柚子釜 柿釜 菊花レモン 菊花柚子 菊の葉	橙割山椒釜 雪笹 雪南天 雪松 梅花小蕪 椿 雪の下 梅形のし梅
祝いの型	ひさご、結び、水引、末広、鉄扇、矢羽、根鈴			

（別冊専門料理　『日本料理技術百科』　第２巻　刺身、1995、より作成）

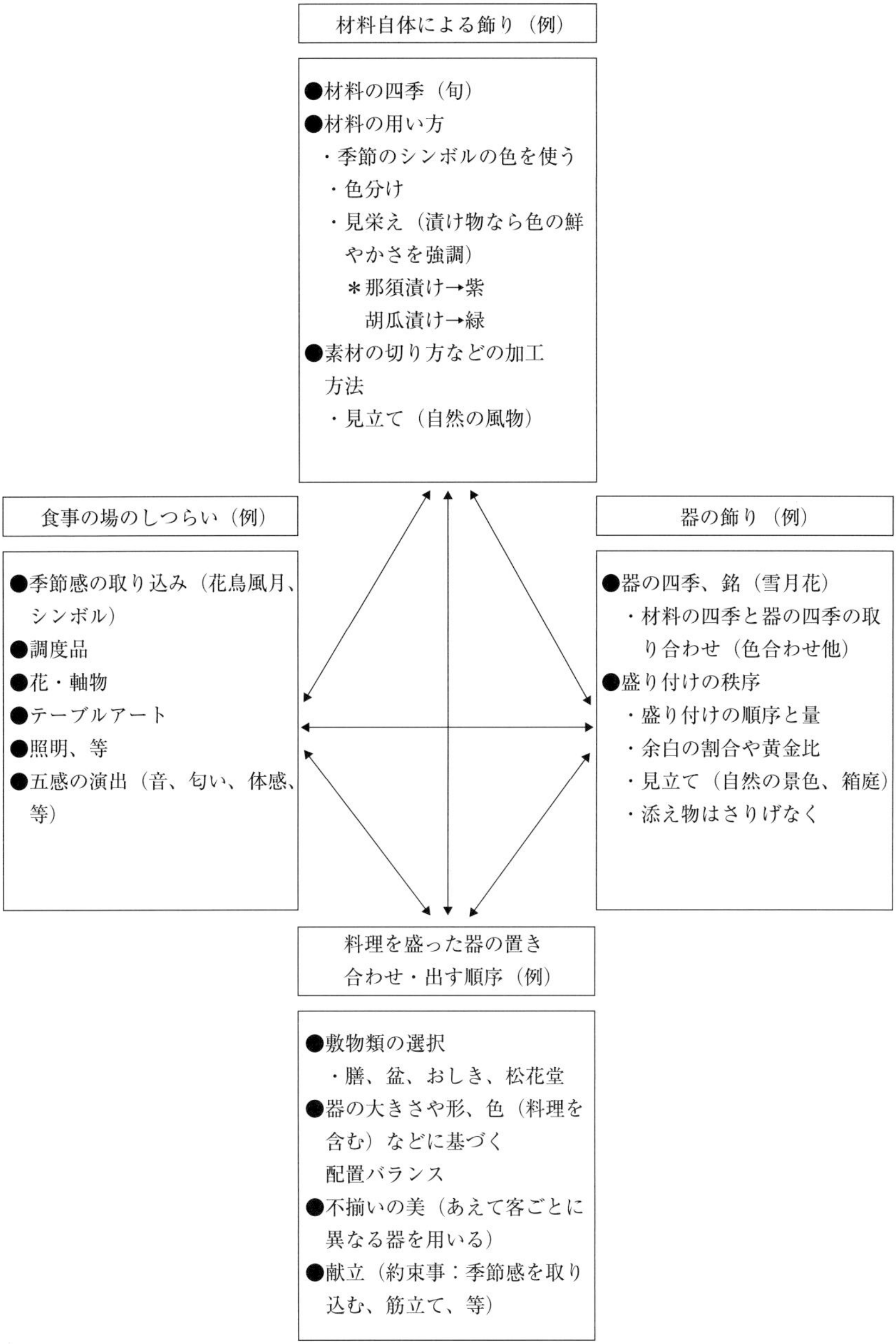
材料自体による飾り（例）
●材料の四季（旬）
●材料の用い方
・季節のシンボルの色を使う
・色分け
・見栄え（漬け物なら色の鮮やかさを強調）
＊那須漬け→紫
胡瓜漬け→緑
●素材の切り方などの加工方法
・見立て（自然の風物）
食事の場のしつらい（例）
●季節感の取り込み（花鳥風月、シンボル）
●調度品
●花・軸物
●テーブルアート
●照明、等
●五感の演出（音、匂い、体感、等）
器の飾り（例）
●器の四季、銘（雪月花）
・材料の四季と器の四季の取り合わせ（色合わせ他）
●盛り付けの秩序
・盛り付けの順序と量
・余白の割合や黄金比
・見立て（自然の景色、箱庭）
・添え物はさりげなく
料理を盛った器の置き合わせ・出す順序（例）
●敷物類の選択
・膳、盆、おしき、松花堂
●器の大きさや形、色（料理を含む）などに基づく配置バランス
●不揃いの美（あえて客ごとに異なる器を用いる）
●献立（約束事：季節感を取り込む、筋立て、等）

図 2-14　四季の移ろいを例にした料理人の趣向

皿が順々に運ばれることによって——そこには食べ物と器との景色が次々に変わるという車窓風景さながらのシークエンシャルな食の感覚があるのだが——たとえば茶事懐石のような食事が完成するのである。

こうして味わいを形成する種々の装置を確認すればするほど、味覚解釈における言語化の重要性が意識される。食味箪笥の大切さがおわかりいただけたであろうか。見初めた料理のとりどりで各人の箪笥の引き出しを満たそう。

第3章

体験と深度

1　花逍遥

花を愛でることと食事とが寄り添う場面を想像すると心が浮き浮きするのはなぜだろう。花の観賞と料理——どちらも多くの人間を虜《とりこ》にしてきた歴史がある。

それにしても、どの季節にも眺める花があり、それを楽しむ名所もあるというのは日本の自然の恩沢であろう。花の名前もその美しさを形容する言葉もあげればきりがないが、まるで約束事のように、それぞれの開花や盛りの時期がくれば必ず話題にのぼる。いついつは何処でと、訪ねる場所、観賞する花にふさわしい時間や天候、食事にまで思いをめぐらしながら、自分なりの花探訪のスケジュールを決めている人もいるくらいである。最近のガイドブックは、そういうことまで紹介するようになっていて、気に入っている。密度の濃い取材力に感謝しつつ、今年の春は赤城千本桜や赤城神社参道の山躑躅《やまつつじ》を楽しみ、折々帰りがてら何処ぞのお店で昼食をとろう、などと思うのである。

さて、花見といえば何といっても第一席は桜。史上もっとも大がかりで豪奢な花見として後世にまで名を残した「醍醐の花見」、気品のあるなしはともかく、周知のとおり豊臣秀吉の花見は後々のスタイルに多大な影響をなした。手短に引き出すと、各地から何千もの桜を取り寄せ、趣向をこらした茶店をしつらえ、諸国諸将の手によりおびただしい数の珍品名物や名酒が集められ、宴会食も万端手落ちがなかったと

＊1
「……中略……彼女たちがいつも平安神宮行きを最後の日に残して置くのは、この神苑の花が洛中に於ける最も美しい、最も見事な花であるからで、円山公園の枝垂桜が　既に年老い、年々に色褪せて行く今日では、まことに此処の花を措いて京洛の春を代表するものはないと云ってよい。されば、彼女たちは、毎年二日目の午後、嵯峨方面から戻ってきて、まさに春の日の暮れかかろうとする、最も名残の惜しまれる黄昏の一時を選んで、半日の行楽にやや草臥れた足を曳きずりながら、この神苑の花の下をさまよう。そして、池の汀、橋の袂、路の曲り角、回廊の軒先、等にある殆ど一つ一つの桜樹の前に立ち止まって歎息し、限りなき愛着の情を遣るのであるが、蘆屋の家に帰ってからも、又あくる年の春が来るまで、その一年じゅう、いつでも眼をつぶればそれらの木々の花の色、枝の姿を、眼瞼の裡に描き得るのであった。……中略……神門を這い入って大極殿を正面に見、西の回廊から神苑に第一歩を踏み入れた所にある数珠の紅枝垂、——

いう。花を愛で、酒を酌み交わし、言葉を交わす。持参した料理や食事の場面をあれこれ想像するのはおもしろい。あるいは、幾度か映像化もされた谷崎潤一郎の『細雪』の花見の章は美的体験の範として、日本的花見の粋として共有されている。*1 その花見にも食の話が登場する。

……常例としては、土曜日の午後から出かけて、南禅寺の瓢亭で早めに夜食をしたため、これも毎年欠かしたことのない都踊りを見物してから帰りに祇園の夜桜を見、その晩は麩屋町の旅館に泊まって、明くる日嵯峨から嵐山へ行き、中の島の掛茶屋あたりで持って来た弁当の折を開き、*2 午後には市中へ戻って来て、平安神宮の神苑の花を見る。

このような描写を読むと私は、感嘆の声をもたらすほどの桜の情景とはいかに、と考えると同時に、毎年きまって嵐山あたりで開くと描かれている折詰めの中味や食べ方にも大いにそそられる。――ではいったいどうすれば、花を愛でつつ花盃に笑みが浮かぶような空間演出にアプローチできるのであろう。

「花」見るかたち

美しい桜花の下に毛氈《もうせん》を敷き、重詰めをつつき、酒を酌み交わす。あるいは花見の余韻を楽しみ、贔屓《ひいき》の料亭でとびっきりのご馳走を食べる。そうした伝統的な花見の

海外にまでその美を謳われているという名木の桜が、今年はどんな風であろうか、もうおそくはないであろうかと気を揉みながら、毎年回廊の門をくぐるまではあやしく胸をときめかすのであるが、今年も同じような思いで門をくぐった彼女達は、忽ち夕空にひろがっている紅の雲を仰ぎ見ると、皆が一様に、「あー」と、感嘆の声を放った。この一瞬こそ、二日間の行事の頂点であり、この一瞬の喜びこそ、去年の春が暮れて以来一年にわたって待ちつづけていたものなのである。」

他、美しい眺めを想像させてくれるものとして気に入っている味わい深い描写に「水に枝をさしかけた一本の桜の樹の下に」「幸子と悦子とが佇みながら池の面に見入っている後姿を、さざ波立った水を背景に撮った」「友禅の袂の模様に散りかかる花の風情」などがある。

*2
これについては他に「一昨年は橋の袂の三軒家で、弁当の折詰を開いたが、今年は十三詣りで有名な虚空蔵菩薩のある法輪寺の山を選んだ」という一文がある。

シーンのほかに、ドライブ、舟下り、列車の車窓など、花々を見つけながら移動し、あつらえておいた折詰めを開くという光景も普通に見かけるようになった。花映りのよい水辺のホテルを予約し、プライベートな眺めを泊まりがけで楽しむという贅沢、花見のかたちは進化するものと心得る。今では、下から空を仰ぐ代わりに飛行機から地表を染める花々をダイナミックに眺めることすら珍しくなくなった。王侯貴族の気分で、優雅気ままにシャンパンやワインのグラスを傾ける。どこぞのコマーシャルになりそうな体験だが、夢の話ではない。こうした、とても贅沢な桜の宴はもちろんよいが、一方で家族の年中行事としてごく普通に見かける花見の食も心和む雰囲気でいい（図3−1、3−2a・b）。

春とはいっても桜どきは肌寒い日も多い。その寒さを我慢するのも、酒の酔いで払いのけるのもいいが、人間の生理的感覚からすれば、適度に暖をとることが、ごく自然な行為である。品位はともかく、花の下にて鍋を囲む、炭火で焼くなど、その場で調理しながら食べるという方法は、さぞかし楽しげな食事風景を生み出すことであろう。全国津々浦々、花見料理は固定観念にとらわれることなく、地元の料理法と折り合いをつけながら郷土色豊かに展開されてよいと思う。

さて、華道の伝統が持つ生け花の演出や眺め方の作法があるのは承知しているが、観賞といっても、こと景色の花となるとやや事情が異なる。端的にいえば、先例に学びつつ絶えず自分なりの新しい見方や解釈の方法を探り心地よさや美しさを求めるという心構えを、私は歓迎したい。というのも、日常的な眺め方を少々工夫しただけ

図3-1　花見の移動（桜前線）

で、ありふれた景色でさえ新鮮に感じたり、あるいは思わぬ美の発見につながることさえあるからだ。たとえば、私は、少しかがんで花単独の美しさをマクロレンズで引き出すという、カメラ撮影では自然の仕草を、視点位置のみ活かして、菖蒲苑やチューリップ畑などの背丈の低い花々の風景観賞に援用する（図3-3）。そこでは、前景と背景との対比が迫力ある広がりや奥行感を生みだし、立位の透視形態に慣れきったわれわれの日に喝を入れてくれる。このような、視線と対象との楽しい調整を、江戸末期の浮世絵師の安藤広重や昭和を代表する映画監督の小津安二郎から学んだ。広重は、今でいう観光案内書も兼ねた『名所江戸百景』のなかで縦構図のローアングルで菖蒲苑を眺めることを示し（図3-4）、小津安二郎は、畳の部屋で座るという日本の生活様式を美しく表現するために編み出したカメラワーク、「地を這うような視点」を教えてくれた。座卓の食事場面などが見事に描かれている。絵画や映画の構図的解釈や描写表現上の工夫であっても、実景の眺め方の参考となる場合が多い（拙著『風景の調律――景観体験の構築』第三章参照、鹿島出版会、一九九九）。実景という意味では庭師の仕事ぶりなどにも多くを気づかされる。鍛え抜かれた彼らの眼差しは、時間経過にともなう庭全体の形姿をイメージしながら、離れては全体のバランスに、戻っては細部のディテールへと向かう。見通す力も凝視する力も備えているきわめて総合的な目である。

固定視点場型：屋内から楽しむ

固定視点場型：野外で楽しむ

移動視点場型：自動車、列車、船などで移動しながら楽しむ

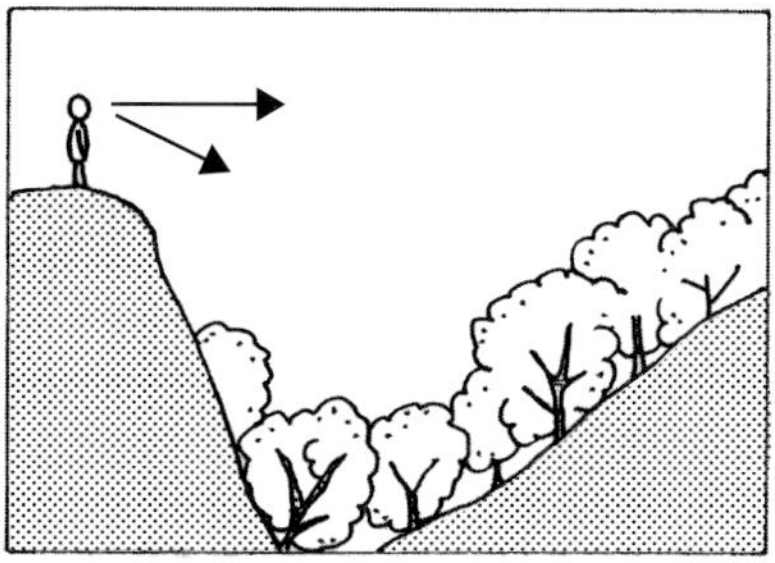

眺望型：高い所から見下ろして楽しむ

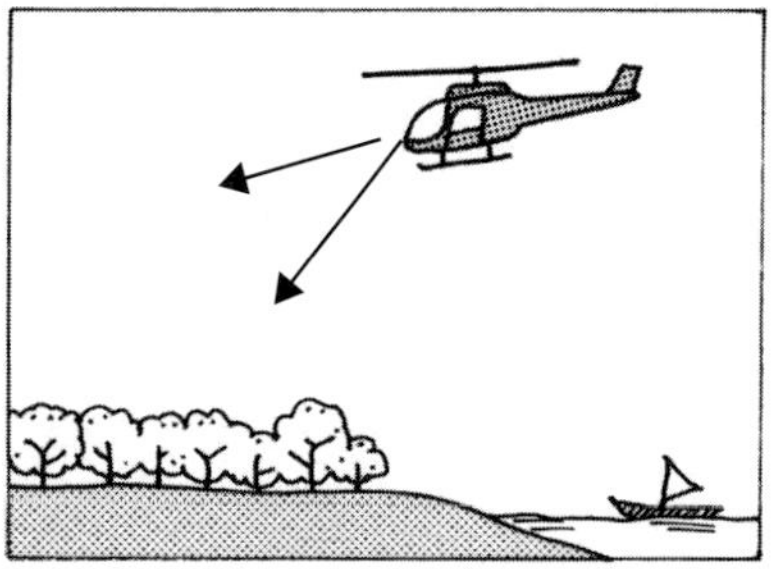

空中視点場型：飛行機から地表を眺め楽しむ

図３-２ａ　花見のかたち――楽しみ方のバリエーション

桜の名所・名勝（立地タイプ）

- 山（奥山、都市近郊の山、他）
  - 面的（散植）
  - 線的（並木／列植）
- 丘陵
  - 面的（散植）
  - 線的（並木／列植）
- 河川沿い（沿川の斜面・緑地、他）
  - 面的（散植）
  - 線的（並木／列植）
  - 点的（独立樹）
- 河川の堤防
  - 線的（並木／列植）
- 湖・池畔
  - 面的（散植）
  - 線的（並木／列植）
- 道路（市街地、郊外）
  - 線的（並木／列植）
- 参道（神社・寺院）
  - 面的（散植）
  - 線的（並木／列植）
- 史跡（城跡、寺社境内、その他）
  - 面的（散植）
  - 線的（並木／列植）
  - 点的（独立樹）
- 日本庭園
  - 面的（散植）
  - 点的（独立樹）
- その他（墓地、浄水場、牧場、滝際、海際　動物園、特殊：石割桜、造幣局等）
  - 面的（散植）
  - 線的（並木／列植）
  - 点的（独立樹）

⇩

公園･緑地化

＊観賞対象の桜
ヤマザクラ・サトザクラ・オオシマザクラ・エドヒガン・ソメイヨシノ、他

図 3-2 b

図 3-4　名所江戸百景之内「堀切の花菖蒲」（安藤広重）

図 3-3　ローアングルのおもしろさ

食べるという環境

心浮かれる万《まん》の花々の競演、心打つ一輪の花、美しい花の眺めを食事のなかに取り込みたいと願う人は多い。花を楽しむことと食事を楽しむこととの両者がそろえば、記憶化が強く長く促され、生涯忘れえぬ出来事にさえなることがある。さらに、喜びのレベルを高めるために、先人の残した美的体験をなぞり美意識に触れる。たとえば、千利休ならではの逸話、「一輪の朝顔」[*3]に凝縮されたもてなしの心と演出、あの象徴的な「美化」に憧れるのは、私ばかりではあるまい。その後のいわゆる美食家たちが証明するように、先例を真似、知恵を絞り、自分なりの工夫を重ねてゆくという行為は、人間精神のごく正常な働きであろう。希代の芸術家で、飲食の領域でもその才能を発揮した北大路魯山人は、中国食器の研究から、食器と料理との関係について「食器が優れていることと料理が進んでいることとは関係があって、食器が退化すれば料理も味が悪くなる（要約）」（『魯山人味道』北大路魯山人著、平野雅章編、中公文庫、一九八〇）と述べている。浅学の私なぞ、ただただうなずくばかりであるが、食器に限らず「食事の環境」にまで拡大しても同様ではないかと思う。だから実際に料理の場面に立ったとき、拙いなりに私は、ひと綴りの話を仕立てるように、場のしつらい、五感の刺激、時間の経過にできるだけ目配りをし、食事環境の総体で美しさがもたらされるよう心がけている。

＊3
「利休屋敷の朝顔がとても見事に咲いていると秀吉に告げた人がいた。それでは是非見にゆこうといって朝茶に訪れた。ところが庭には一本も朝顔がない。憮然として小座敷に入ってみると、色鮮やかな朝顔が一輪床に入っていた。秀吉も相伴の人々も、目が覚める思いであった。利休も大いにお褒めにあずかった。」という逸話。

創意工夫――発見と転用

「食事を美的に高めたい」と願う気持ちは、新たな道具の創出やものの転用など、しばしば妙案や発見となって食の環境にあらわれる。たとえば、花を楽しむ際に携帯するポピュラーな食事に「弁当」がある。料理の品々を美しく機能的に納める弁当、その蓋を開けて食事が始まり閉じて終わる。一連の使い方がシステマティックで、じつにわかりやすい。この食の道具、博物館や民俗資料館などを覗くと、四段組みの下げ重や小さな引き出し式のもの、取り皿や箸や保温装置付きのお茶まで要領よく納めたものなど、遊び心たっぷりの素晴らしい工夫に数々出会う。一瞥しただけで、私に限らず多くの者の顔がほころぶであろう。そのなかで、姿形や使い勝手がよく、昼食の一スタイルになるほどの市民権を得たものに「松花堂縁高」がある。中が十文字に仕切られ一辺が二六センチメートルほどの蓋付きの箱である。名は、江戸初期この「箱」を好んで用いた石清水八幡宮の社僧で茶人「松花堂昭乗」に由来する。もっとも今日のように流布したのは、昭和の初めに「吉兆」の主人、湯木貞一がこの箱のよさを発見してくれたおかげである。右下がご飯、右上が木皿に盛った向付、左上が前菜、左下が染付皿に盛った炊き合わせ、というのが標準的な約束事という。私にとって、食道具の工夫や転用は、自ら考案するのも、あるいは食事の先々で気づかされるのも、刺激的でとても愉快な経験である（図3−5）。

図3-5
野立て弁当（持ち運び可能な行楽弁当）
（北区飛鳥山博物館提供）

知的覚醒――美味と意味

酒杯に浮かぶ桜の花びらや菊の花、摘みたての葉で煎れたハーブティー、麗しい花の名を詩的に持つ茶会の和菓子、膳の上をさりげなく華やかに彩る季節の花々―花とは、色彩や名称を含め、意味象徴や実体として大いに活躍する食の道具といえる。たとえば、春の菓子や料理を飾る薄紅色・緑・白（あるいは茶）の色合わせ、桜の花・葉・枝（木）と誰もがすぐにそれとわかる鮮明な意味をまとって「花見団子」や「前菜のデザイン」となる。食べ物とともに、それが担う意味も同時に味わうのである。先の弁当にしても、蓋を開けて目にする料理にこもる意図、すなわち食材、色合わせ、盛り付け、それらの美的配合が「旬」といった記号的意味を担う。料理の外観に意味を悟り、と同時に旬の景色のイメージが喚起され、それを噛みしめる。料理人との心のやりとりも味わいの一つとなりうる。さらに味覚印象の問題にしても、嫌われることの多い苦味ですら旬菜独特のものなら心地よいと思うのは、心身の構えと意味の味付けとの微妙な働きかけのたまものにほかならない。紡ぎだされた「言葉と意味」の蓄積、料理の「技意」の構築、そしてそれを支える健康な精神活動によって、味覚の文化が花開くものであることが自覚される（第2章　3 食味箪笥　参照）。さらに自覚すべき食の根本、それは、他のものの犠牲の上にある幸せな食事、すなわち生きるための人間の原罪と言い換えてもよい。だから、与えられた食材の「死」を「料理」をもって「生かす」という意見に私は賛同する。

＊4
食事の場所、料理人の選定、料理の内容まで、すべてを目配りする人。

もてなしの実験――食事景観のデザイン

「味わい」にとって不可欠な意味解釈という問題は、景観デザインの主題でもある。そこで今の住まいに移ったのをきっかけに、趣味と研究とを兼ねて「もてなしの実験」を楽しんでいる。といっても貧乏学者のやること、何のことはない、食空間の初等的な道具立てとその説明、つまり軽易な物的操作と意味解釈とにすぎない。当然ながら、専門家である庭師、料理人、配膳師[*4]の方々の仕事ぶりに遠く及ぶものではないが、こうしたことに興味をお持ちの方々のヒントになればと思い、少々過ぎた遊びだが幾つか紹介しよう。それと、私は道具の含蓄を理解するほどの心得はないので、「実践したい」「使ってみたい」という自分の直観を頼りにする。鍛えないとすぐに鈍るが、とても楽しいこの鍛錬も、この場ではつぶさに伝えきれない。併せてご承知おき願えればと思う。

さて、実践しているのは次のような事柄である（図1-28、1-29、図3-6）。

①　身体感覚を意識したデザインを庭の設計で試す（あくまでも道楽、素人の庭である、念のため）。

軒からの雨垂れと那智黒の雨落溝、瓶《かめ》を転用した水盤、月影を写すさび砂利等々、五感で楽しめ、雨の日や月の夜がひときわ美しい。眺めと意味を同時に楽しむために月凛《げつりん》の海（さび砂利）、風来杉《ふうらいさん》（赤城颪《おろし》に因む）、移ろいの丘（季節変化）等々の名もつけた。

②　手に入れた道具の、想像した使い心地を確かめる。

青磁　　火鉢　　箱膳

図3-6　もてなしの実験道具

小ぶりで高さが低いことで、下方に対する視線が蹴られず、また、座して食べ、飲み、注ぐときの手の動作に馴染む。座卓にはないこうした行儀のよさが気に入って「箱膳」や「木製火鉢（天板を細工、広くした）」を用いる。

③　名高い演出方法を自分の美意識を込めて援用する。

千利休の「朝顔の茶会」*5の演出にひっかけて、たとえば庭の沙羅《しゃら》を一輪、青磁に生ける。季節感の象徴としてスタンダードなこの手法は、気に入った道具を媒介に庭の眺めと室内とを演出者の美意識で結ぶという役目を果たす。視覚的効果と意味的効果が穏やかに働く。花器は、スーッと絞りきった鶴首の形と、復元されたという古青磁様の無地の肌が気に入って、韓国・慶州の天馬窯で買い求めた。多くの知恵と技巧を尽くしたからこそ生まれた高麗青磁や李朝白磁の簡素の美、とりわけ無地のものの美しさに惹かれる。

④　食べ歩いた舌の記憶をもとに創作料理に挑戦する。

力の強い食材との格闘は醍醐味であり、また、世界各地の個性が強くうま味に満ちた調味料などは味の引き出し甲斐がある。

これらを客への「情報」としている。もちろん、解釈はすべて相手の自由だが、「道具立てに関する意味の共有化」という、主客の交わりによって食事の質が高まり、印象化も強まるというのが、これまでに得た実感である。

＊5　＊2に同じ。

2　干しの技巧

水分を飛ばすことで、代謝を止め、悪性の黴《かび》といった雑菌を遠ざけ、栄養素を効果的に保存する「干す」とは、実った稲が主食たるお米に、また、海藻であった海苔、昆布、若布、等々がうま味に満ちた食の製品に変身することから知られるように、食の根幹にかかわる大事なプロセスといえる。ここでは、「干す」という視点で風景現象をめぐる。

連鎖する景色

眼前の風景を縁取り構図を決め、屋内からの眺めを美的に高める軒端は、恰好の干し場でもある。雨や雪から守られるその空間は、湿り気を嫌うものたちの楽土に見える。いかに重視されてきたかは、軒行灯《のきあんどん》、軒暖簾、軒しのぶ、軒の玉水、軒の下風などの「軒」を冠する数々の言葉からたやすく推しはかることができる。しかも、酒林吊り（新酒誕生の符号）に典型を見るように、象徴性を帯びることも少なくない。私の容易にたどれるイメージのそれも、農具があり薪が積まれ、柿や大根や穀物などの食べ物が手の届きそうなところに吊るされていて、家庭の温もりで満ちている。見ているこちら側への挨拶すら感じられる。故郷の軒下でも、以前は「八珍」[*6]から採った実をさわし柿[*7]と干し柿にした。その記憶がさらに甦る。

＊6　平核無《ひらたねなし》の不完全渋柿、新潟県新潟市（旧新津市）に原木がある。

＊7　柿の実を焼酎にさらして熟成させる。

干し柿といえば、たしか一九九九年だったと思うが、そのとき話題をさらった丸ノ内線四ツ谷駅の吊し柿の光景を、新鮮な驚きとともに眺めた人々は何を感じただろう。楽しそうに、そしておいしそうに見える柿の実は、眺める者からの視線に呼応して、幾何学的なパターンや密度勾配が変化し図としてもおもしろい。軒の外へと目をやると、豆、芋、茶、栃、栗、と浮かんでは消えてゆくなかで、消え残る「梅干し」の光景――水田のかたわらの紫蘇《しそ》畑、行商から仕入れたもぎたての青梅、梅の塩漬けと紫蘇揉みの作業、そして「土用干し」、いつしか竹ざるに並ぶ梅と紫蘇の、目に鮮やかな色と香りが脳裏を埋む。さらに忘れがたい色彩の光景、旬は春、駿河湾の名産、素干しの桜海老の文字どおり地面が桜色に染まる景色である。新幹線の車窓風景として懐かしいその眺めは、もう二十年近く前になるが、毎週、講義のため横浜から福井へと通った日々の想い出とともにある。

調合する五感

日本列島は北から南まで、生でも干してもうまい産物に事欠かない。満遍なく味の舞台が用意されている。烏賊《いか》や蛸《たこ》や魚の干物、簀《す》の子の上に和紙のように並ぶ海苔や鰯や小海老、それぞれ特有の香気を放ち、漁村景観に華を咲かせている。それらは眺めているだけでも浮き浮きするが、七輪を置き景色を添えてその場であぶれば、匂いや音が混じり合い胃袋に響くこと間違いない。正に五感の味わいとして申し分のない状況といえる。

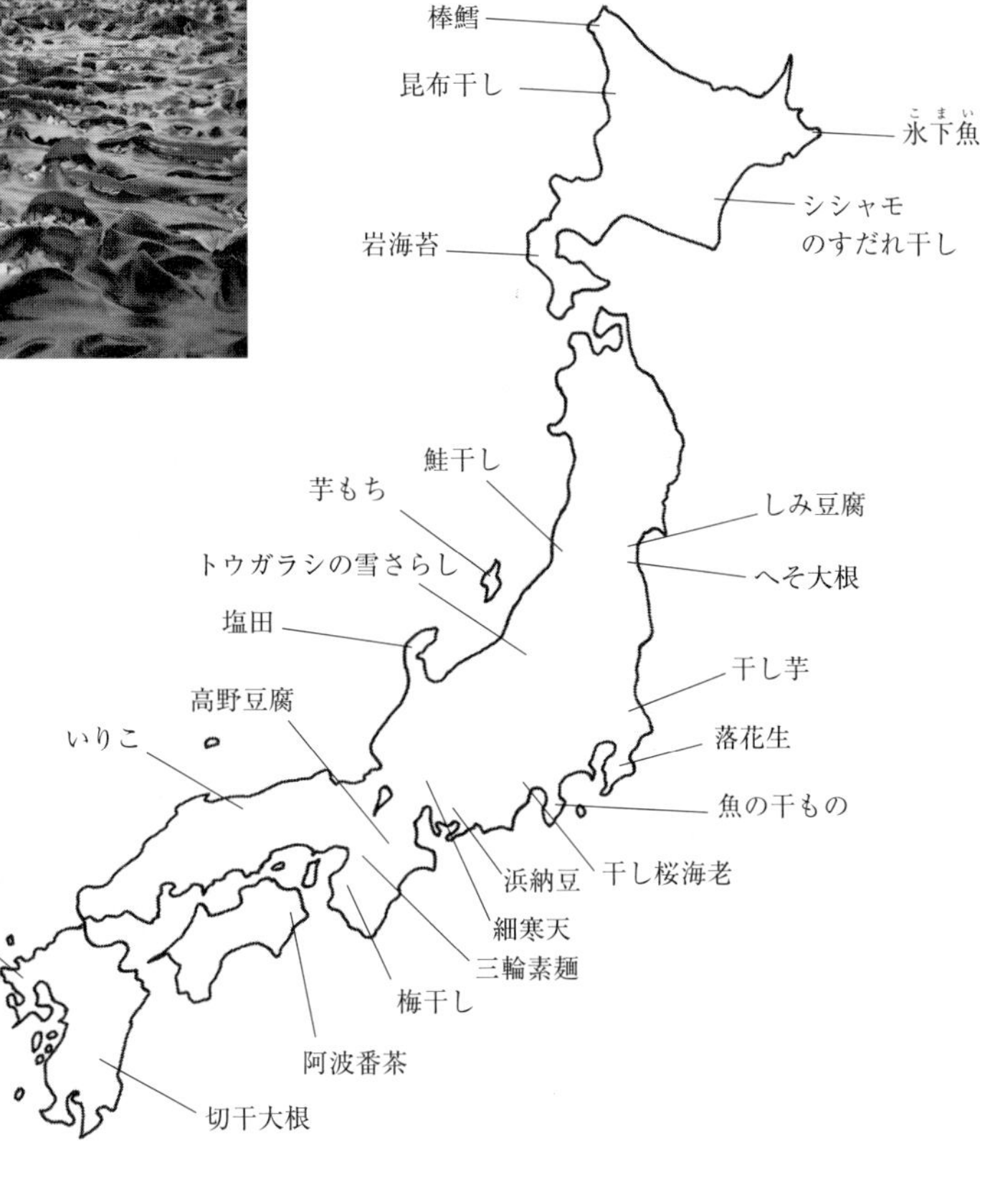
棒鱈
昆布干し
氷下魚《こまい》
シシャモ
のすだれ干し
岩海苔
鮭干し
芋もち
しみ豆腐
トウガラシの雪さらし
へそ大根
塩田
干し芋
高野豆腐
落花生
いりこ
魚の干もの
浜納豆
干し桜海老
煮干し
細寒天
三輪素麺
梅干し
阿波番茶
切干大根
アオリイカ
のするめ

図 3-7　「干し」の風物詩

干しものの味の決め手の一つである「塩」も天日干しがからむ。「藻しほ焼く……」などの古歌さながらの伝統製塩の風景、天日と風と砂地文様からなる人力と自然力の合作、ミネラルや必須栄養素がいかにも豊富な自然塩に、ただの一か所（能登、珠洲市仁江町の揚げ浜式塩田）になったとはいえ、現在でも接することができるのは幸せである。あるいは、利尻・羅臼・日高などの最北の地で出会った昆布に富山や若狭の地で再び出会う。歴史のあるこうした「食の大交流」[＊8]は、今さら海運史を紐解くまでもないであろう。北の海岸の伸びやかな昆布干しの情景を頭に描きながら、昆布締め、おぼろ、すきなど職人の加工技を眺める。

乾麺の「ひねもの」や、豆腐、大根、餅、芋に対する「凍み」の効果を見極めた人間の舌も侮れない。食料の干し方や保存形態で風味が異なることに気づくのは万人共通だろう。「高野豆腐」や「三輪素麺」など地名を冠した特産品の名を聞けば、冬寒く湿気が少ない山間地特有の凛《りん》とした風景や、光や風を視覚化して揺らぐ乾麺、産地ならではの美しい手作業の光景が自ずと想像される。ほかに、たとえば山菜でも、代表格のぜんまいでは青乾《あおぼし》と赤乾《あかぼし》としてやはり干すという人為が密にかかわる。代々伝わる秘密の採集場所があるなど、領域性や空間の認知構造といった問題とともに興味の湧くところだ。ともあれ、どんな舞台であっても、気象、天象、地形など、風土との相談なくしては成り立たない事象ばかりであることが理解される。

さて、全国津々浦々の「干し景色」と「かがやく味」、それらとの出会いは考えただけで五感をくすぐるが、変容を余儀なくされているものも多い。「伝統と技術」を

＊8
たとえば富山は、北海道から大量の鰊や昆布を西国に運ぶ北前船の寄港地であるとともに、北前船主が多く住んだ。そのため、江戸時代から昆布を使った様々な加工品がつくられた。薩摩藩に運ばれた昆布は琉球を経由し、中国に輸出された。代わりに漢方薬が輸入され、これが富山に薬をもたらした。

- 視対象としての「干しもの」
  - 河・海産物
    - 魚 —— ししゃも、鯵、烏賊、蛸、かつお節、鰍、鰯、金目鯛、海老、鮎、からすみ、他
    - 貝 —— 鮑、帆立、サザエ、他
    - 海藻、その他 —— 昆布、若布、ホヤ、他
  - 農産物 —— 米、大根、柿、トウモロコシ、大蒜、唐辛子、ゼンマイ、他
  - その他 —— 素麺、凍み豆腐、塩、他

⇩

干し方 —— 吊す・掛ける・置く・蒔く　＊太陽光や大気に晒す。

種々の干し具　＊干す材料に応じて様々な工夫がなされている。

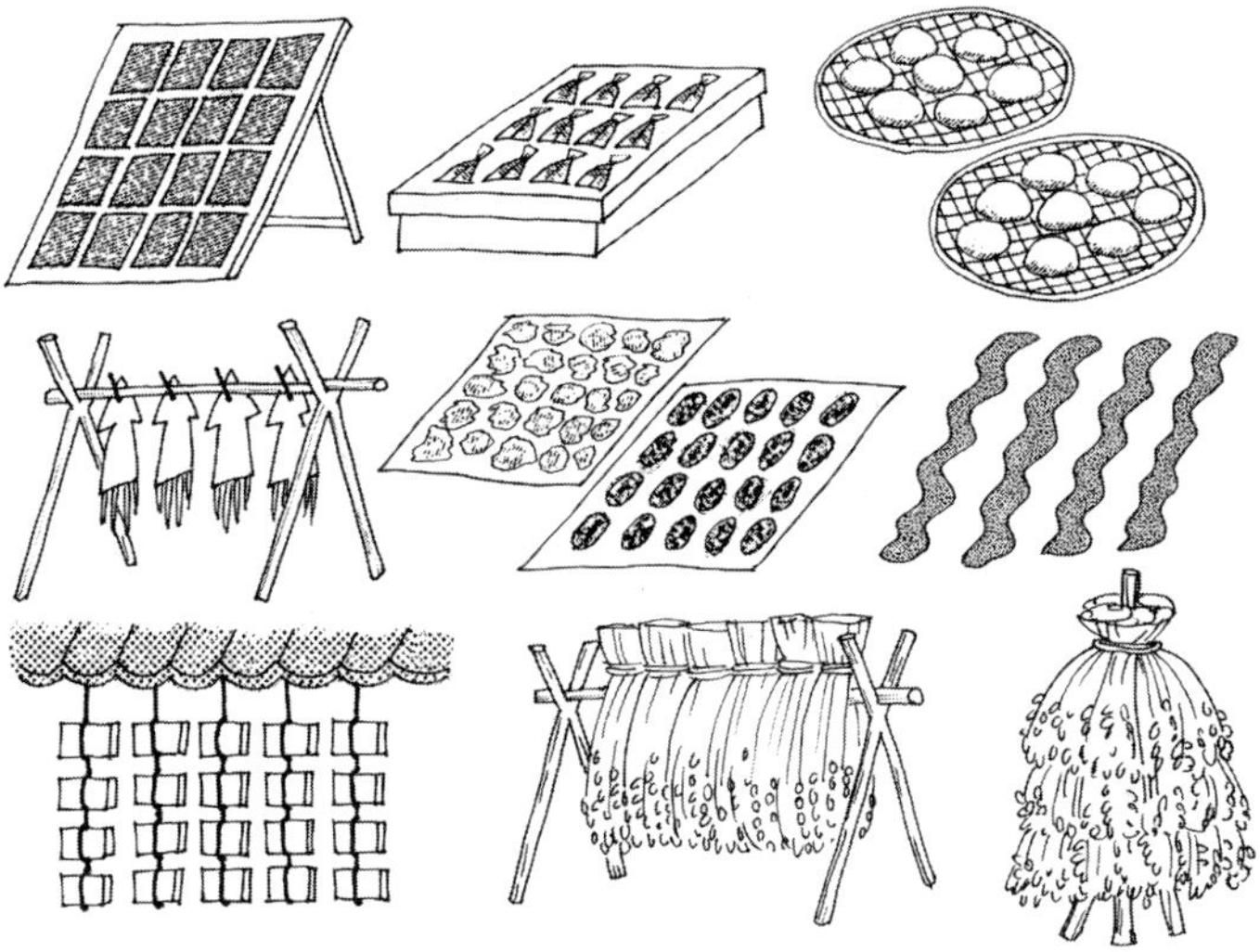

図 3-8　干しもの、干し方、干し具のいろいろ

どのように残してゆくか、食文化の抱える難所の一つだろう。なかでも「瑞穂《みずほ》の国」としていちばん惜しまれるもの、それは稲干し。ふるさと越後平野の秋の一時期は、黄金色の稲掛で飾られる。行儀よく並ぶ「ハサ木」[*9]へ丁寧に掛けられた稲束、見渡す限りの田圃に、温かくて柔らかい大きな藁が点在するような光景、稲穂独特の匂いと相俟ってとても美しい。一昔前なら何処でも見かけたこの天日干しの景色も、技術の進歩とともにその必要性を解かれ、今は風前の灯火である。原風景などと軽はずみには口にできないが、そうした懐かしい対象は、私の大切にしている風景の一つである。

＊9
田圃脇の並木（榛木：ハンノキなど）、木の間に何段か竹を渡し刈り取った稲を掛ける。

第4章

規範と観賞

1 「気」のなかの食事

気と真味《しんみ》

ほがらかな陽気に誘われて戸外へとくり出し美しい景色に浸る、いわゆる風景浴と呼べるものだが、そこでの食事の味わいを決するのは、眺めの第一印象はもちろんのこと、それを構成する色の分布と割合（たとえば寒色系と暖色系の構成割合によって体感温度が異なる）、温度や湿度や風など大気の肌触り、そしてあたりの匂いや音の印象などであろう（拙著『移ろいの風景論』第一章、鹿島出版会、一九九三）。すると、状況によっては同じ野外でも食味が変わる可能性がある。

また、野外における食事の楽しさの一つは、食事を共にする人やその場に居合わせた人たちとの一体感にある。人の交流には、それを促し活性化するための道具が求められる。その場の景色はもちろん、会話や酒食も道具として重要な働きをする。非日常的である野外食の味わいは場所の美しさや品格もさることながら、あたりに漂いわが身とからむ独特の気配の知覚にあると思える。たとえ自分の庭先であっても、日だまりに腰掛けて弁当を広げるなら、それだけで幸せなひとときが持てるはずである。ましてや行楽日和に家族揃って出かけたならなおのこと、外気に包まれ、臨場感を噛みしめること抜きのおいしさなどはとうてい考えにくい。単なる眺めだけではだめで、その場の雰囲気や人の気配にこそ妙味があるように思える。たとえ目の見えない

図4-1　野外の食事——独特の楽しさがある

図4-2　オープンカフェ——「気」を感じる場

人でも耳の聞こえない人でも、みな等しくその空間の心地よい手触りを共有し味わうことができる。それこそ屋外での食の見せるまことの味わい、すなわち真味といえる。

このような味わいは、たとえばホテルのカフェテラスや街角のオープンカフェ、あるいは街巷の夜のおでんの屋台やラーメンの屋台でも得られる。そうした場所では、その場で腰掛けに座ると、飲食と同居する眼差しの気配や視線の交差を楽しむ心地よさといったものによって身体が包み込まれる。都市の日常には「気」を感じ取れる魅力的な場所が潜んでいる。

都市に限らず自然の空間に目を移しても、たとえば河原や浜辺も「食べること」を引き寄せる。小ぶりの礫が並び、等質で秩序ある地模様をなす河原にいくと、その場の心地よい眺めに促されて座ることがある。あるいは、緩やかな勾配の砂や礫の浜辺に立つと、波打ち際から程近いところで自然に腰を下ろす。辺りにはきまって、景色を眺めながら食事を楽しむ人たちがいる。わが国では昔から、風景も食も河原や浜辺と縁がある。だから「芋煮会」「浜焼き」「浜鍋」などの食事会が行われ、「簗場《やなば》」や「鵜《う》飼い」といった伝統漁猟の保存光景を見かけ、「地引き網」や「干しもの」などの生業の景色に出会うのである。今日では、都会に暮らす人々にとってはどれも胸の高鳴る非日常的な体験であり、新鮮な悦びとなる。

他に、特定の時期にしか出会えないがゆえに毎年心待ちにする場、たとえば祭りの夜店、川の夏の風物詩である納涼船、そして川と食事との美しい組合わせとして知ら

図 4-3 潮干狩り――潮の香りを浴びて味わう食と風景の交流

図 4-4
京都名所之内
「四条河原夕涼」
（安藤広重）

図 4-5
鹿島神宮境内
「御手洗池」
の傍らにある
お休み処

図 4-6 「北野大茶湯図」に見るノ貫（へちかん）の個性的な野点（北野天満宮蔵、一部）
1587（天正 15）年 10 月，秀吉や利休らが亭主となり，行われた茶会。身分の格差を取り払い，大名から町衆、百姓に至るまで，道具ともども自由な参加を呼びかけた。

れる納涼床などがある。云わずと知れた貴船川や鴨川の名所「川床」を指すのだが、片や水の神の宿る場所として崇められ、片や王朝人の昔から大切な水辺として手厚く管理されてきた場所である。おしなべてこうした場所で肝腎なのは、屋形船、鵜飼い、簗場などと同様に、触われるほどに水に近いところで食事をするという得がたい体験である。

古社寺めぐりで出会う境内のお休み処も「気」を感じる食の場の一つであろう。神境の風情のなか、古刹の名品を目で味わった余韻を、たとえば名水とか、いわれのある団子とか、甘酒とかの、有り難みのある物とともに楽しむのに申し分のない場である。また、野外の食文化の華と映る野点《のだて》（野外の茶の湯）もそれといえる。これなどは実際に参加せずとも、かたわらで眺めているだけで落着きある華やぎが伝わってくる。

こうした、外気や雰囲気とかかわる問題を「気とともに味わう」として扱いたい。率直にいえば、河原や野原で知る野外食のおいしさ、街角や並木道や川沿いのティーショップ、あるいは失われつつある縁側への郷愁といった、外気を感じながら味わうという食文化への思いを「気」に託したいのである。魅惑的で難しい言葉だが、あたりを包むとらえどころのない雰囲気と心のやりとりを言い表すのにふさわしい。季節の移ろいや大気の揺らぎという目に見えぬ気配のデザインと取り組んできた私としては、とりわけ大切にしたい言葉である。

さて続いては、屋外での心地よい味わいを生成するための作業、その一例として、

図 4-7　那珂川の鮎釣り、簗場（栃木県）

野外における料理プロセスを眺めてみたい。わかりやすい例である河原や浜辺を再びとりあげる。そこには、なかなか出会えないながらも、気とともに味わうことの原点とでも呼べるような食がある。たとえば河原での「釣りたての鮎の塩焼き」や浜辺の「わっぱ煮[*1]」などである。

野外調理の心得

河原の石を皿、川辺の笹を串や箸にし、蓼《たで》の爽やかな香苦味を添える。食具をその場で調達するプロセス自体が食体験の雰囲気を高める。鮎釣りの名人などはきまって「活きのいいのは焼いていると踊り出す、わざと曲げて串に刺さなくてもそうなる」という。釣りたての魚は食欲をそそる姿に自然となる、だから調理の小細工は不要だ、ということをいっているのである。浜辺も同様で、「わっぱ煮」や「石焼き」などは目の前の浜辺で薪にする流木を集め、手頃な大きさの割れにくい石を探し、石鯛、アイナメ、メバル、カワハギなど、その季節その場所で一番の磯魚を使う。容れ物は「わっぱ」や「木桶」。湧き水を沸かし、軽くあぶった魚を、真っ赤に焼き、水に潜らせてアクを取った石で煮る。地の味噌と葱を主とするシンプルな味の構築が磯魚のうまさを引き出す秘訣という。いずれも漁師だからこそ考えついた、単純だが理にかなった調理法といえる。河原や浜辺で食べるとシンプルな食事でも格別のものに感じられるゆえんであろう。今やこうした素朴な料理が、かえって贅沢な食となる時代である。

＊1　わっぱとは曲木《まげき》製の食物容器のこと。

図4-8　石焼き

さて、こうした事例をも含め大抵の場合、野外では食材の調達から口にするまでのおもしろさを料理好きなら譲らないはずである。ふだんとは違う雰囲気のなかの調理が、食べることにもまして楽しいからである。料理が仕上がるまでの随所に快楽が待っている。食材の調達に関してなら、たとえば目指す食材（山菜や川魚など）に対して、思いがけない場所での発見や秘密の場所を持つなど、狩猟採集の興奮と苦労話が調理の過程を盛り上げるのに欠かせない。調理なら、その場で火を起こし焚き火を囲んでの作業があってこそ味わい深いのである。

また、こうしたプロセスは「食の教育」なり「味覚教育」の貴重な機会ともなる。つまり、食べられるか食べられないかの判断をもとに山菜や野草の種類を知り、その処理方法を学ぶことは、地域固有の風土と郷土食に備わる伝統的な知恵に触れることになる。さらに、煮る、蒸す、焼くに関する野外調理独特の実践技術では、塩焼きひとつ見ても、内臓の風味、肉のうま味、独特の香気などを損なうことのない塩のふり加減や火加減の、大胆かつ繊細な修練が求められる。しかも、その場で調理道具や食具を調達することは創意工夫のよき訓練となろう。そして何より忘れてならないのが、摘み草や山菜取りなどは植物の、川の漁猟は鮎や岩魚や山女などの、いずれも命という「生気」をいただくという意識である。このように環境に気を配るのはもちろん、対「食材」でも「気」が介在するのである。「気」とともに味わう野外食は、食の原点に接し「固有の文化としての食」というものを再認識する大切な場となる。

ファーストフードの台頭、生活システムや食意識の変化には抗しきれない面がある。食の画一化の問題など、食文化の変容に危機感を覚え日々の食の再考に心を砕く人も少なくない。手ごわさゆえにわれわれを惹きつけるこの問題を、風景学としても放ってはおけない。ほんものの味わいとは何か——味わう場所の真正と料理の知的革新の学問的解釈が必要なのである。

気と食事環境の演出

ここで、調理の技術的内容からやや視点を変えて、野外食の味わいを高めるうえで有効な景観的知見について少々触れておきたい。三たび河原と浜辺を登場させるが、それはこれまでの流れからばかりでなく、両者がこの場にふさわしい対象であることにもよる。というのは、河原や浜辺は景観デザインのルーツの一つとして数えられるからである。*2

ご承知のとおり河原や浜辺は上空を占有するものがないので「眺め」、とりわけ見通しに優れている。また、「行動」という側面でもそれを支えるに足る広いオープンスペースを提供する。しかも特別に親水性が高い。つまり、思い立てばすぐに手足を水に浸すことができるのである。それだからこそ、レクリエーション活動や祭りや種々の歳時的行事をよく導く。こうした特徴を持つ両水辺に関して、景観分野では次のような事柄が知られている（『景観用語事典』篠原修編・景観デザイン研究会著、彰国社、一九九八）。

茫洋とした景色をぼんやり眺めるのは心地よいし（もっとも、しばらくすると飽き

*2
そもそも河原の生んだ文化の一つに作庭がある。いわゆる「山水《せんずい》河原者」の誕生の地である。遠く室町時代に現れた彼らは、賤民、不浄者といわれはしたが、石《いし》立《たて》僧（庭づくりを専門的、職業的にした僧）のもと、善阿弥《ぜんあみ》（生没年不詳）やその子孫がすこぶる活躍した。また、著名な庭園で確認できるように、国土を代表する美しい山河を庭に写すことは一般的な手法である。たとえば、海に見立てた池に州浜や磯などの具体的な地形が移入された。

てくるが）、あたりの人々を観察したり、川の水際に目を走らせて、流れや表情を捉えたり、寄せては返す波に縁取られる美しい曲率の汀線を眺めるなどももちろん楽しい。が、しかし河川の場合なら、川幅が人の活動の認知限界（一二〇〜一三〇メートル程度）以上になると、向こう側の眺めに見栄えのする視対象（山岳や建造物など）が欲しくなり、対岸のない浜辺でも、沖合に行き交う船や気の利いた島影が欲しくなるという。だとすれば、こうした条件を満たすこと、すなわち堂々たる主景や四季折々の景物や点景を探し出せば、すぐさま味わいを増幅するためのよき道具立てとなるのである。そして視点場と呼ばれ、それらを眺めるために選ばれる場所（視対象が程よい大きさと見る角度を与えられる）は、同時に食事どころとして申し分のない立地条件を得たことになる。

まわりとの対人関係についても認知距離にからむ事柄が知られている。景観体験では（特にレクリエーション活動や野外での飲食のときに）「見る―見られる」の関係が働いて双方の気分が高まることがある。これを成立させることは、空間設計上とても重要なことである。しかし一方で、京都の鴨川べりのユニークな報告（ごく自然にアベックが等間隔で座る）にあるように、相互干渉を避けるという人間の本能に起因する対人距離の問題がある。したがってそれらを総合して考えると、集団と集団とが程よい距離を保ちつつ互いに「見る―見られる」という状況が、空間演出としてよい結果を生むことになるものといえる（第1章　2 酒催　参照）。

さらに忘れてならないことに、変動要因（季節、天候、時刻）と五感の問題があ

図 4-9　賽の河原（青森県・恐山）

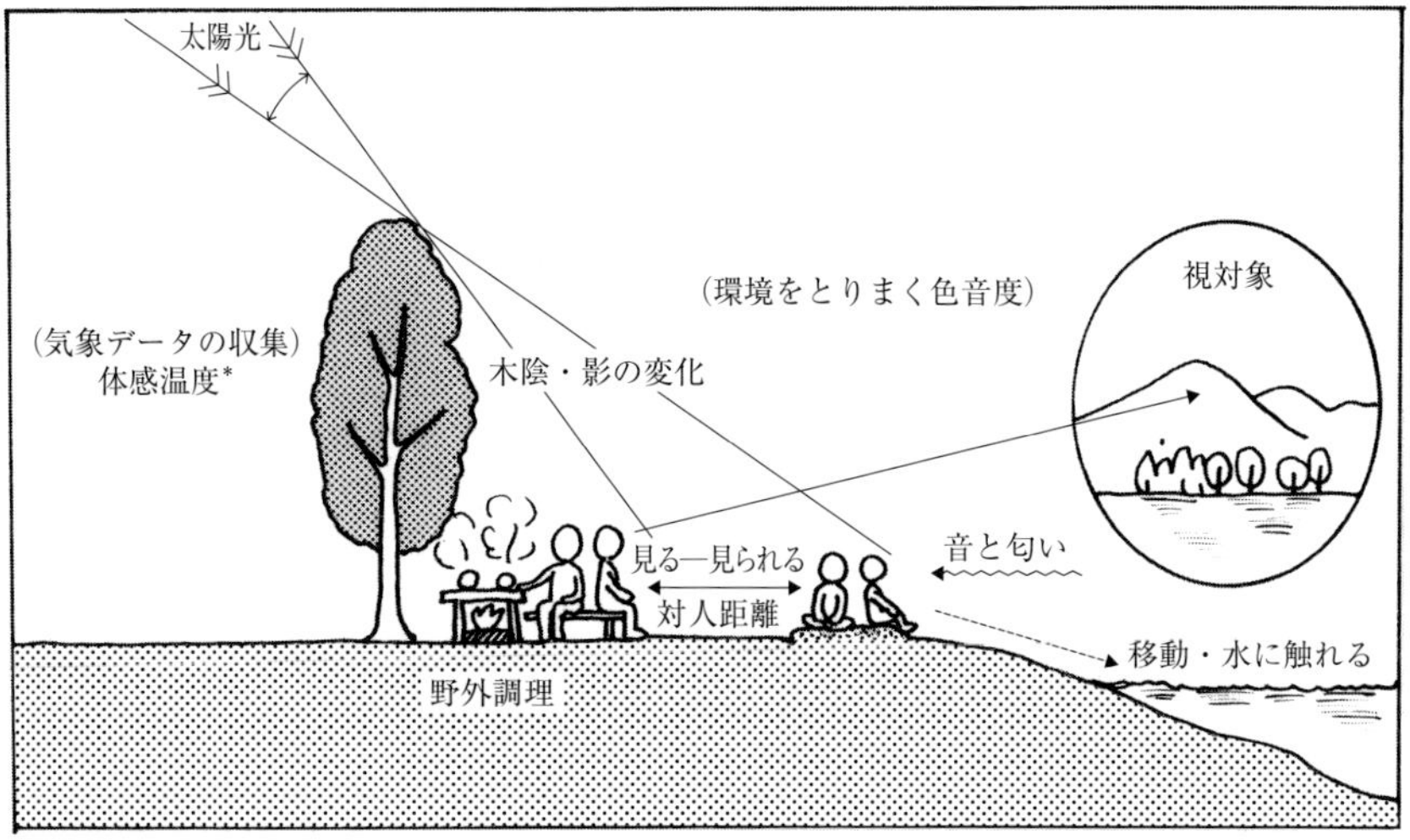

体感温度＝気温－ 0.4（気温－ 10）×（1 －湿度/100）
体感温度＝気温－ 1/2.3（気温－ 10）×（0.8 －湿度/100）
〈湿度 80%のときに体感と気温とが一致するようにしたもの〉
体感温度＝ $t - 4\sqrt{v} + 12j$
〈風の影響を考慮した式。t ＝気温（摂氏度）、v ＝風速（m/秒）、j ＝地表面の受ける放射熱量（単位面積のカロリー/分、係数は地表面の反射の程度によって 20 とするほうがよい場合もある）〉

図 4-10　食事環境と景観デザイン

る。飲食の場の雰囲気は、四季折々の景物、空の色、雲の動き、日当たり、木陰、夕照、等々によって左右される（なお、変動要因にともなう景観の変化を「移ろい効果」という）。また、「せせらぎ」「さざ波」「潮騒」などの音と不可分な言葉や、「川風」「浜風」「潮風」などの涼しさや匂いとかかわる言葉があるように、河原や浜辺は五感的景観体験を楽しめる場である。堰の落水音や寄せては返す波の音を聞くための聴距離、木陰の演出を考えた植栽配置、川風の運ぶ匂いや潮の香りの象徴化等々、五感的刺激の操作も空間演出として取り込みやすい（「移ろい効果と景観体験」「五感的景観操作」については、拙著『移ろいの風景論』、鹿島出版会、一九九三、で詳述）。

五感ならぬ第六感のニュアンスもある。昔から、水の存在や流動、河原や浜辺の相貌などが此の世とあの世とのつながりを暗示してきた（図4-9）。「賽の河原」「浄土ヶ浜」などの地名が各地に残るように、実際に浜辺や河原で死者が弔われた。河原や浜辺にたたずむと敬虔な気分になるのは、ずっと昔から続くそうした精神文化のお陰であろう。景観体験を味わい深くする知味として大切にしたい事柄である。

以上のように、河原や浜辺は気を大切にする食文化の重要な舞台となる。最後に、参考までに景観デザインをするうえで留意すべき点をとりまとめてみた（図4-10）。

2　食とシークエンス景観

もうずいぶん前になるが、思いがけず美しい車窓風景に出会ったことがある。仕事のため空路新広島空港へ、そこから車に乗り換え広島市内へ向かった。約束の時間まで少し間があったので、せっかくの機会だからと頼山陽《らいさんよう》（江戸後期の儒学者、歴史家）ゆかりの地である安芸の古都「竹原」へ寄り道をした。私の動きにつれて流れゆく沿道の眺め、それが伝えてくる土地土地の風土を感じながら移動した。この竹原へとつづられた道の風景を、突然現れた見事な段々畑の石垣がきっかけで今も鮮明に記憶している。道なりにしばらく続くその雛壇状の擁壁は、平均すれば人間の頭ほどの野面石《のづらいし》で組まれ、その巧みな積み方が頂上までくまなく耕された耕地の形状とともに美しい肌理《きめ》をなしていた。地形との折り合いのつけ方は、まるでダイナミックなアースワークを見る思いであった。

畑地造成の難しさや、土地人の気の遠くなるような耕作の苦労を思う一方で、私の中の旅行者の目は、昔も今も変わることなく人の手の入る美しい耕地と農作物との眺めに、「食の風景」の原点と重みとを意識したように思う。

さて、このように流れてゆく景色を説明する概念、すなわち視点の移動にともなって継起的に変化する眺めを景観用語で「シークエンス景観」という。そしてその景観体験とは、この例でいえば、車窓が取り持ち「移動」が書き上げる景色の文脈を読み取る作業を指すのである。

惹かれ、高め合う食と景

通り過ぎてゆく景色を見送る楽しさ、矢継ぎ早に過ぎ去る前景や近景のおもしろさとともに、ゆったりと視線にからむ中景や遠景も気持ちいい。自動車や列車などの窓際の持つ心地よさの一つである。新しい移動手段を手に入れ利用方法を工夫するたびに発見する心躍る眺め、そうしたシークエンシャルな景観を手にすることのできるわれわれは幸せである。国土にくまなくゆきわたる道路や鉄道は、都市や田園をめぐり山河を駆け抜ける。道すがら車窓はいろいろな景色と戯れると同時に枠取る。沿道や沿線に展開する風景は実に豊富だ。

稲作、麦畑、茶畑、野菜畑、果樹園等々の、地域地域で現れる農作物の景色、雨や雪などの気象現象、新緑や紅葉をはじめとする四季折々の風情、日の出や夕映えもある。この風景の情報を旅人は頭の中で編集し記憶してゆく。継起的に展開する風景を人は好みのままに内部化する。もしよい風景に出会えたとき、しかももう一方の楽しみである食事がうまければ、列車やバスの旅は満ち足り、一層忘れがたいものになる。車窓風景と味覚印象との融合——、相性のよい両者の出会いを歓迎しない者はいまい。だから駅弁が誕生して以来もてはやされるのもうなずける。さらに風土色を引き出すべく、地酒や地ビールやワインがセットされるような気の利いたものも見かける。

飲食に関する記憶、特に「おいしい」などの情動が強く長く記憶されるときには、単に味だけではなく食べたときの状況の印象がともなわれるものである。ならば、非日常的な食事体験の極みである列車などの移動する食卓は、記憶化という点ですこぶる優位にあるといえる。山ほどある雑誌の特集や気の利いた書籍のおかげで、全国に

図 4-11　丹後半島の漁村——伊根集落における栽培漁業（京都府）

張りめぐらされている鉄道網を目でなぞれば、まるで布石を見るように、どこでどのような景色を眺めながら、どんな駅弁が食べられるかがわかるようになっている。それぞれの沿線に特徴のある食材があり、それを用いた中味や包装に工夫を凝らしたよい出来映えの弁当がある。それに名前や味わいを表現した言葉が被さる。名付けに始まって、食材や調理法の由来、さらには色合わせや盛り付けなどに至るまで、言語が媒介する重層的なイメージも、味覚印象を高める効果がある。視覚的印象に意味的効果が合わさり、窓外に食材の生産風景が展開すれば、いやがうえにも旅ごこちは高まろう（表４−１）。

シークエンシャルな景観体験と食事との結び付きには、いわゆる船の遊びもある。こちらも非日常的な飲食体験であるから、記憶からそうそう離れるものではない。たとえば、レストランシップで大港湾をめぐる。岸壁を離れ、船舶とすれ違い、橋梁をくぐり、高層ビルに象《かたど》られた陸域を眺め、防波堤やガントリークレーンなどをゆったりと目で追う。火力発電所やコンビナートなども視対象としておもしろい。近頃では、テクノロジーの生み出した「テクノスケープ」も観賞対象の重要な一員となってきた（表４−２、図４−12）。

あるいは夕暮れ迫る頃、気のあった仲間と屋形船で港内へ繰り出す。特に夏場なら小ぶりの障子を開け、涼風を引き込み水上の感触を味わいながら、遠く建物の内部外部の照明が織りなす都市の夜景を出迎える。どの場面をとっても料理映えのする景観体験となろう。

表 4-1　全国の著名駅弁

地方・路線		駅名	駅弁名	地方・路線		駅名	駅弁名
北海道・東北	宗谷本線	稚内	わっかないかに弁当		高山本線	高山	飛騨高山牛しぐれ寿司
	釧路本線	摩周	摩周の豚丼		北陸本線	富山	ますのすし
	根室本線	釧路	たらば寿し		北陸本線	富山	ぶりかまめし
	根室本線	釧路	しか肉もみじ弁当		北陸本線	金沢	加賀野立弁当
	根室本線	釧路	いわしのほっかぶり寿司		北陸本線	加賀温泉	海鮮上ずし百万石
	根室本線	厚岸	氏家かきめし		北陸本線	加賀温泉	甘えび寿し
	根室本線	根室	花咲かにめし		北陸本線	加賀温泉	たいめし鯛のいなり手箱
	根室本線	帯広	ぶた八の炭焼あったか豚丼		北陸本線	福井	ソースかつ棒
	室蘭本線	苫小牧	どっさりウニ丼		北陸本線	福井	越前ちゃんちゃんかにめし
	函館本線	旭川	元祖けっから飯		北陸本線	福井	越前かにめし
	函館本線	札幌	ぜいたく寿し		北陸本線	敦賀	極上さばずし
	函館本線	札幌	冬の天然寒ブリご出世弁当		東海道本線	浜松	赤ワイン仕込うなぎ弁当
	函館本線	小樽	海の輝き		東海道本線	名古屋	抹茶ひつまぶし日本一弁当
	函館本線	長万部	かなやのかにめし		東海道本線	名古屋	瀬戸焼名古屋コーチン鳥めし
	函館本線	森	いかめし		紀勢本線	松阪	モー太郎弁当
	函館本線	函館	うに・いくら弁当		紀勢本線	松阪	元祖特選牛肉弁当
	東北本線	八戸	八戸小唄寿司	近畿	東海道本線	草津	信楽焼松茸めし
	東北本線	八戸	大間のマグロづけ炙り丼		東海道本線	草津	かぐや姫伝説
	東北本線	八戸	Ｅ２系はやて弁当		東海道本線	米原	湖北のおはなし
	東北本線	盛岡	海鮮小わっぱ		東海道本線	京都	平安弁当
	東北本線	一ノ関	前沢牛ローストビーフ弁当		東海道本線	神戸	ええ牛肉めし
	東北本線	仙台	網焼き牛たん弁当		山陽本線	神戸	神戸ワイン弁当
	山田線	宮古	いちご弁当		山陽本線	西明石	ひっぱりだこ飯
	山田線	宮古	まるごとあわび弁当		山陽本線	相生	瀬戸のかきめし
	奥羽本線	大館	鶏めし弁当		山陰本線	園部	栗めし
	奥羽本線	秋田	あったけえきりたんぽ弁当		和歌山線	吉野口	柿の葉寿し
	奥羽本線	米沢	牛肉どまん中		紀勢本線	新宮	南紀くじら弁当
	奥羽本線	米沢	牛串弁当		紀勢本線	新宮	めはり寿し
関東	信越本線	横川	峠の釜めし		紀伊本線	紀伊勝浦	さんま姿寿司
	信越本線	高崎	上州の朝がゆ	中国・四国	山陽本線	岡山	桃太郎の祭ずし
	信越本線	高崎	復古だるま弁当		山陽本線	宮島口	あなごめし
	東北本線	宇都宮	宇都宮餃子弁当　味味		山陽本線	下関	長州ファイブ
	常磐線	水戸	納豆弁当		山陽本線	下関	下関名物元祖ふくめし
	常磐線	水戸	印籠弁当		山陰本線	鳥取	山陰鳥取かにめし
	内房線	木更津	漁り弁当		山陰本線	鳥取	いかすみ弁当黒めし
	総武本線	千葉	やきはま丼		山陽本線	岡山	おかやま和牛肉弁当
	東海道本線	東京	極附弁当		山陰本線	米子	吾左衛門寿し、鯖
	東海道本線	東京	深川めし		山陰本線	松江	ごきげんべんとう
	東海道本線	横浜	崎陽軒シウマイ弁当		予讃線	高松	たこ飯
	東海道本線	大船	特上鯵の押し寿し		土讃線	高知	鯖の姿ずし
	東海道本線	小田原	金目鯛炙り寿司		高徳線	徳島	阿波地鶏弁当
中部	上越線	越後湯沢	くびきの押し寿司	九州・沖縄	ゆいレール	壺川	海人がつくる壺川駅前弁当
	信越本線	長岡	多聞シャイクＤＥ踊る鯛		日豊本線	大分	豊後さば寿司
	信越本線	長岡	日本海さけかに合戦		九州新幹線	出水	かごんま黒ぶた弁当
	信越本線	新津	雪だるま弁当		九州新幹線	新八代	天草大王地鶏めし
	信越本線	新津	特製さけずし		長崎本線	長崎	ながさき鯨カツ弁当
	身延線	富士宮	駅弁版極富士やきそば弁当		肥薩線	人吉	鮎ずし
	中央本線	小淵沢	甲州かつサンド		肥薩線	人吉	栗めし
	中央本線	小淵沢	元気甲斐		鹿児島本線	鹿児島	さつま黒ぶためし弁当
	中央本線	小淵沢	風林火山		鹿児島本線	川内	特上うなぎ弁当
	中央本線	塩尻	岩魚ずし		鹿児島本線	折尾	かしわめし

表 4-2　国内の主なレストランシップ一覧

クルーズ名・船名・運営	発着場所・主な内容
【東京湾クルーズ】 【船名】シンフォニー 【運営】シーライン東京	【発着場所】日の出埠頭 【主な内容】ランチクルーズ（所要 130 分）／アフターヌーンクルーズ（所要 50 分）／サンセットクルーズ（所要 120 分）／ディナークルーズ（所要 150 分）
【東京湾クルーズ】 【船名】ヴァンテアン 【運営】東京ヴァンテアンクルーズ	【発着場所】竹芝桟橋 【主な内容】ランチタイムクルーズ（所要 120 分）／サンセットクルーズ（120 分）／ディナータイムクルーズ（140 分）
【東京湾クルーズ】 【船名】レディクリスタル 【運営】クリスタルヨットクラブ	【発着場所】品川埠頭 【主な内容】ランチクルーズ（所要 100 分）／ディナークルーズ（所要 150 分）／ナイトクルーズ（所要 60 分）
【横浜港クルーズ】 【船名】①マリーンルージュ ②マリーンシャトル 【運営】ポートサービス	【発着場所】山下公園・みなとみらい 21 【主な内容】①ランチクルーズ（所要 90 分）／サンセットクルーズ（所要 90 分）／ディナークルーズ（所要 120 分）／②ディナークルーズ（所要 90 分）
【横浜港クルーズ】 【船名】ロイヤルウイング 【運営】ロイヤルウイング	【発着場所】横浜大桟橋 【主な内容】ランチクルーズ（所要 105 分）／ティークルーズ（所要 90 分）／ディナークルーズ（所要 110 分）
【琵琶湖周遊クルーズ】 【船名】ミシガン 【運営】琵琶湖汽船	【発着場所】大津港 【主な内容】ミシガン 90（所要 90 分）／ミシガンショウボート（所要 150 分）
【明石海峡大橋方面クルーズ】 【船名】ルミナス神戸 2 【運営】ルミナス観光	【発着場所】神戸港（中突堤） 【主な内容】明石海峡ダイナミックベイクルーズ（所要 140 分）／大阪湾トワイライトベイクルーズ（所要 90 分）／明石海峡トワイライトベイクルーズ（所要 140 分）／明石海峡エレガントベイクルーズ（所要 140 分）
【明石海峡大橋方面クルーズ】 【船名】コンチェルト 【運営】神戸クルーザー	【発着場所】神戸港（ハーバーランド） 【主な内容】ランチクルーズ（所要 105 分）／ティークルーズ（所要 90 分）／ディナークルーズ（所要 105 分）
【広島湾クルーズ】 【船名】銀河 【運営】瀬戸内海汽船	【発着場所】広島港 【主な内容】ランチクルーズ（所要 160 分）／ディナークルーズ（所要 130 分）
【博多湾クルーズ】 【船名】マリエラ 【運営】西日本鉄道	【発着場所】ベイサイドプレイス博多埠頭 【主な内容】ランチクルーズ（所要 90 分）／トワイライトクルーズ（所要 90 分）／ディナークルーズ（所要 110 分）
【長崎港めぐり】 【船名】マルベージャ 2 【運営】やまさ海運	【発着場所】大波止場 【主な内容】港めぐりコース（所要 60 分）
【那覇港クルーズ】 【船名】モビーディック 【運営】ウエストマリン	【発着場所】那覇港 【主な内容】サンセットディナークルーズ（所要 120 分）／ディナークルーズ（所要 90 分）

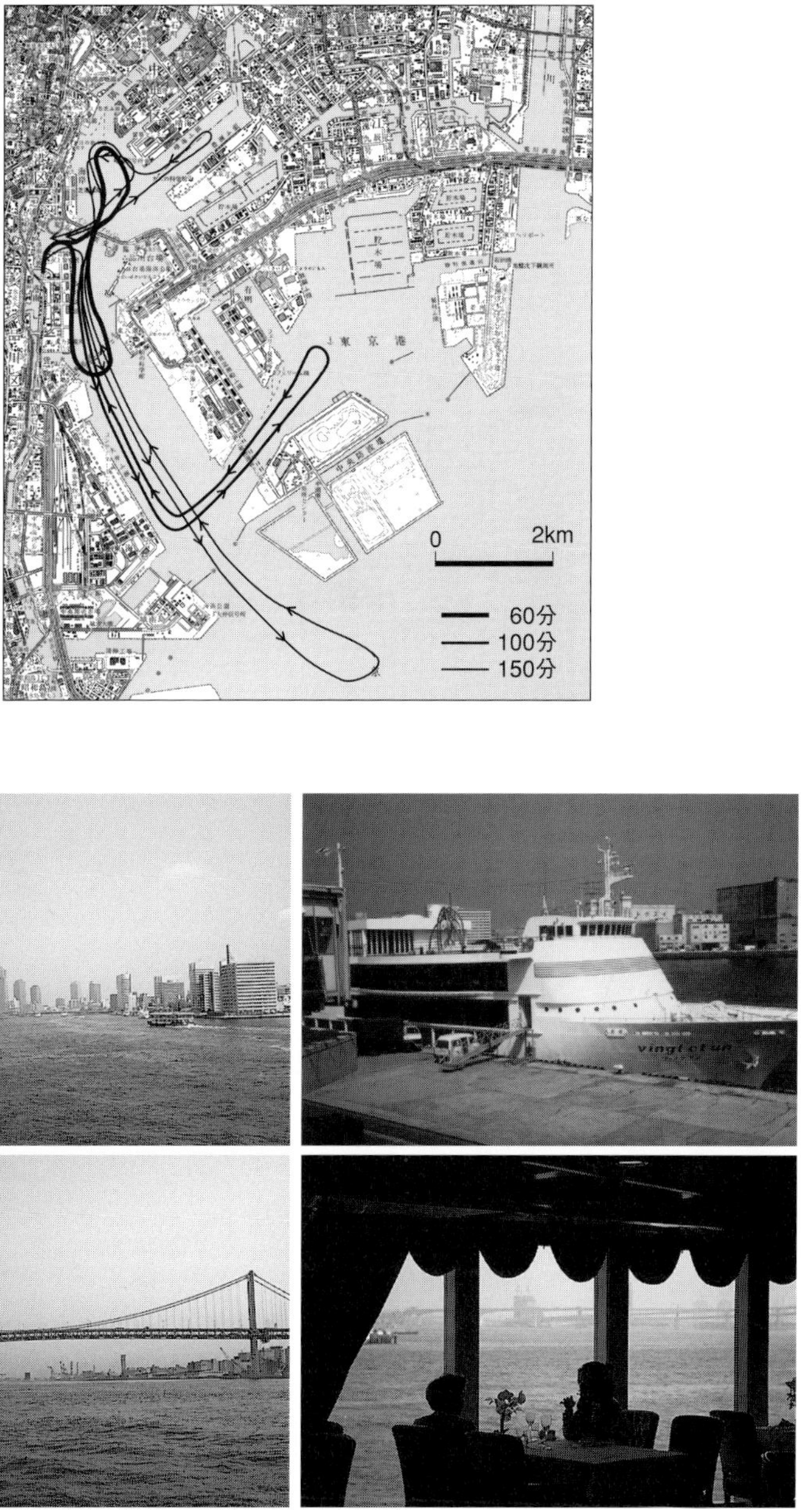

図 4-12　港の景観が楽しめるレストランシップ（ヴァンテアン東京湾クルーズ）

港湾と同様に河川も楽しい。わが国では、伝統的な川遊びの流れを汲む船下りや河川遊覧の名所が生まれてきた一方で、ヨーロッパの「ライン川下り」「ドナウ川遊覧」「セーヌ川遊覧」などを、ある種の憧れとして育ってきた観光名所もある[*3]（図4-13、4-14、4-15）。

そうした河川の有名どころや大都会の船遊びの楽しさはよく知られるところであるが、ほかにも知る人ぞ知る地方の風光明媚な河川、歴史的な運河や掘割に船を仕立てて遊ぶ楽しさがある。夏なら涼みながら、また冬なら暖をとりながら、変わりゆく山河の四季や家並みの表情を愛で食事を楽しむ。四季の風情とともに郷土料理を味わう趣向は多くの支持を得ているようだ。私はそれが小船仕立てであるところに魅力を感じている。水の路は道路より低いから、なかには道行く人々よりも低い視線に抵抗を感じる人もいよう。が、船外機を使わずに櫂《かい》や櫓《ろ》や竿を用いてゆっくりと移動するそれには静かさという得難い魅力がある。世の喧噪に邪魔されず、事前にあつらえておいた酒と料理を静けさのなかに味わう。五臓六腑はもちろん耳目にしみる遊びとなる（図4-16）。

こうした風流とは別次元のものだが、個人的な思い入れもある船遊びとして、最後にクルージングを推しておこう。それはあたかも献立のように、長期の船旅へ国々の名所観光、豪華なパーティー、娯楽、食事などが組み込まれる遊びであり、たとえていうなら、長編小説を味わうがごとき観がある。私ごとながら、もうずいぶん経つのに香港～高雄～石垣～東京のクルージングが忘れがたい。八泊九日のすべてがゆった

＊3
著名な船下りには、「最上川ライン」「阿賀野川ライン」「只見川ライン」「阿武隈ライン」「鬼怒川ライン」「天竜ライン」「長瀞ライン」「日本ライン（木曽川ライン）」などがあり、河川遊覧には、「墨田川遊覧」「大阪城・中之島遊覧」「広島市内河川遊覧」などがある。

図 4-14　セーヌ川遊覧
河川沿いの街並みを味わう。昼も夜もそれぞれ風情がある。

図 4-13　ドイツ・ライン川下り
古城やローレライなどの名所、そして斜面に広がるぶどう畑などの景色を楽しむ。

図 4-15　雪見の船下りで名高い「阿賀野川ライン」（新潟県）

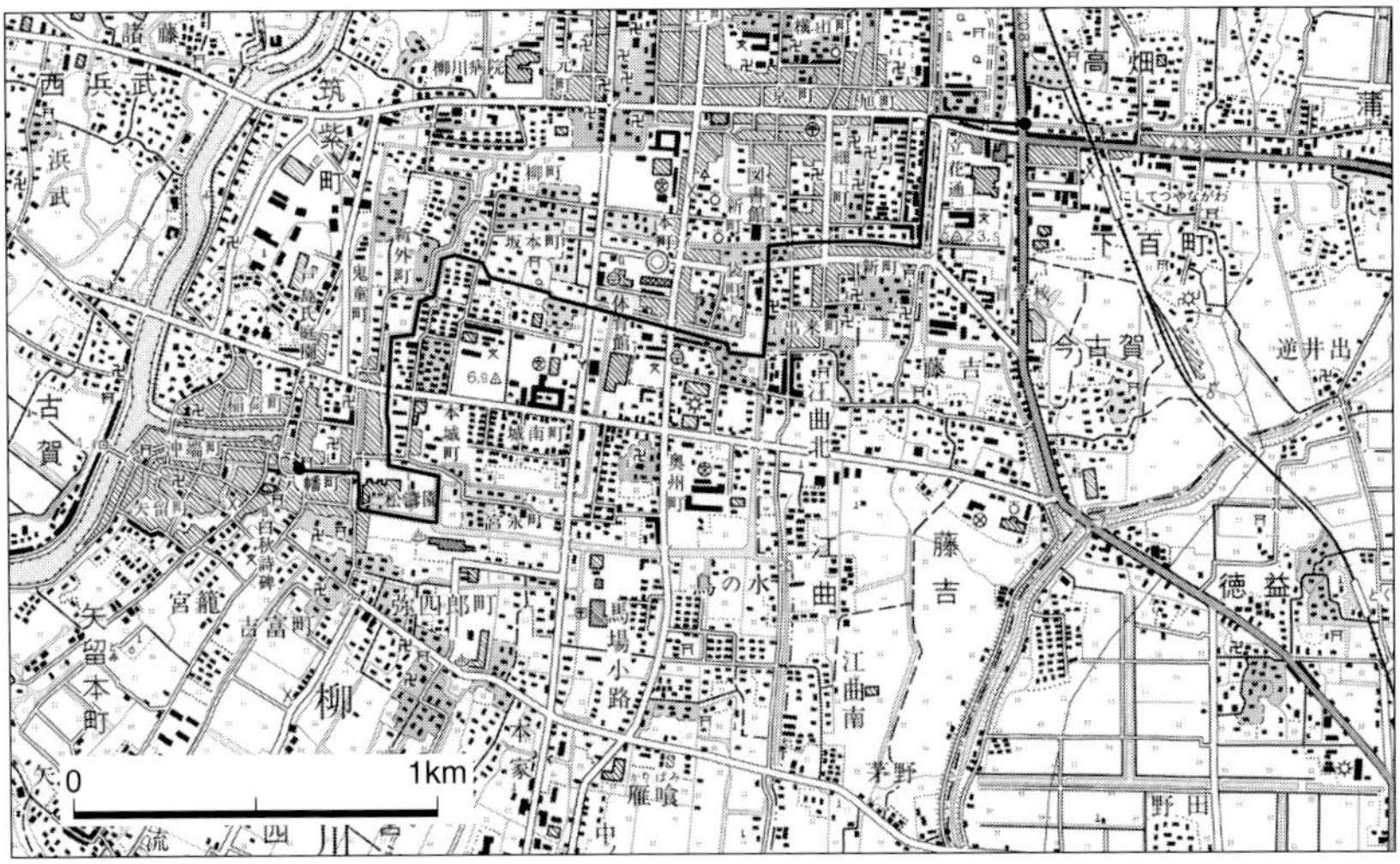

●―● 船遊びのコース

図 4-16　船遊びの楽しみ（福岡県・柳川）

北原白秋のふるさと、水郷柳川の船遊び。船頭の竿さばきがあざやかな「どんこ船」に揺られ、昔の面影を残す町並みをめぐる。川面に映える柳並木や古跡をゆったりと眺める。

図 4-17　クルージング（「オーシャンパール」の船旅）

りとした移動、心地よい時間のなかで過ぎていった。暖かい東シナ海の凪《な》いだ海原に描く航跡の模様に重なるようにゆっくりと流れてゆく空間と時間、そのなかにいたという記憶を、時折とり出しては楽しんでいる。

3　「まる」と「しかく」——美味の理を考える

一皿、一膳、一窓のつづる美しい味わい、風景を楽しみながらの食事という心潤す美味の有り様を改めて思い返してみたい。すると、景色や料理を観賞し味わう過程には、たとえば、景色を生け捕り眺めを身近に引き寄せる円窓や四角い窓、花を生け軸物を飾り季節感を演出する矩形の床の間、料理や食具がバランスよく配置される御膳あるいは卓上の円盆や角盆、盛り付けや彩りが映える円皿や角皿というような、円や四角の形を持った種々の道具たちが現れてくる。そうしたものの姿かたちにはどのような美意識が潜むのか、ここで少々考えてみたい。

眺めとしての枠と型

建築物の内部から眺める際に、円や四角の開口部による「見切り」という風景の選択行為が、一見凡庸である眺めを美しく変えてくれることがある。その一形式に、「借景」*4と呼ばれ、すでに古典の観のある贅沢な造園手法がある。軒線と縁側と柱、あるいは生け垣や塀や木立などを用いて眼前の景色を区切り、あたかも一幅の画であ

＊4　借景とは、中国、明時代の計無否の著『園冶《えんや》』（初め『園牧』と称す、後に『園冶』として一六三五年初版）の末尾に初めて現れたもの。遠借、隣借、仰借、俯借の四種に分けている。

るかのようにして観賞する。ご存知のとおり、もともとこれは一つの庭園様式であって、庭外の正面に見えるものが自己の庭のなかに観望として取り込まれ、それが主景をなして自庭の風格を高めるというものである。構図論を要《かなめ》とし、枠取り方法を考え楽しむそうした喜びを、風景の文化はずいぶん昔から手に入れてきた。山の形姿や島影、山里や田園を主景として取り込んで成功を収めた場所は少なくない。承知のとおり、円通寺（京都市左京区）の方丈と比叡山、慈光院書院（奈良県大和郡山市）と高円山・城山などの借景式庭園や、鞆ノ浦の対潮楼（広島県福山市の名勝）、和歌ノ浦の観海閣（和歌山市、紀三井寺の拝殿）、松島の観瀾亭（宮城県松島湾、伊達藩主の観月の場）、津軽平野の成美館（成美園）等々の額縁効果はその一端である（図4-18、4-19）。「創景」とでも呼びたいこの文化創造の軌跡を、時代を超えて確認できることは幸せである。

ところで、それだけで十二分に楽しい「眺めの枠取り」という風景の文化だが、さらに加えて食の空間の演出道具という役割が与えられると、また違った味わいがもたらされる。それを景色と食との味わいの融合と呼びたいのだが、ここに示した事例（図4-20、4-21、4-22）のように、その条件を満たす場所の発見は、有り難いことにそれほど難しくはないようである。

景色の納め方——生け捕り

この種の実体的操作手法のあり方をもう一歩進めて考えてみよう。ただしお断りし

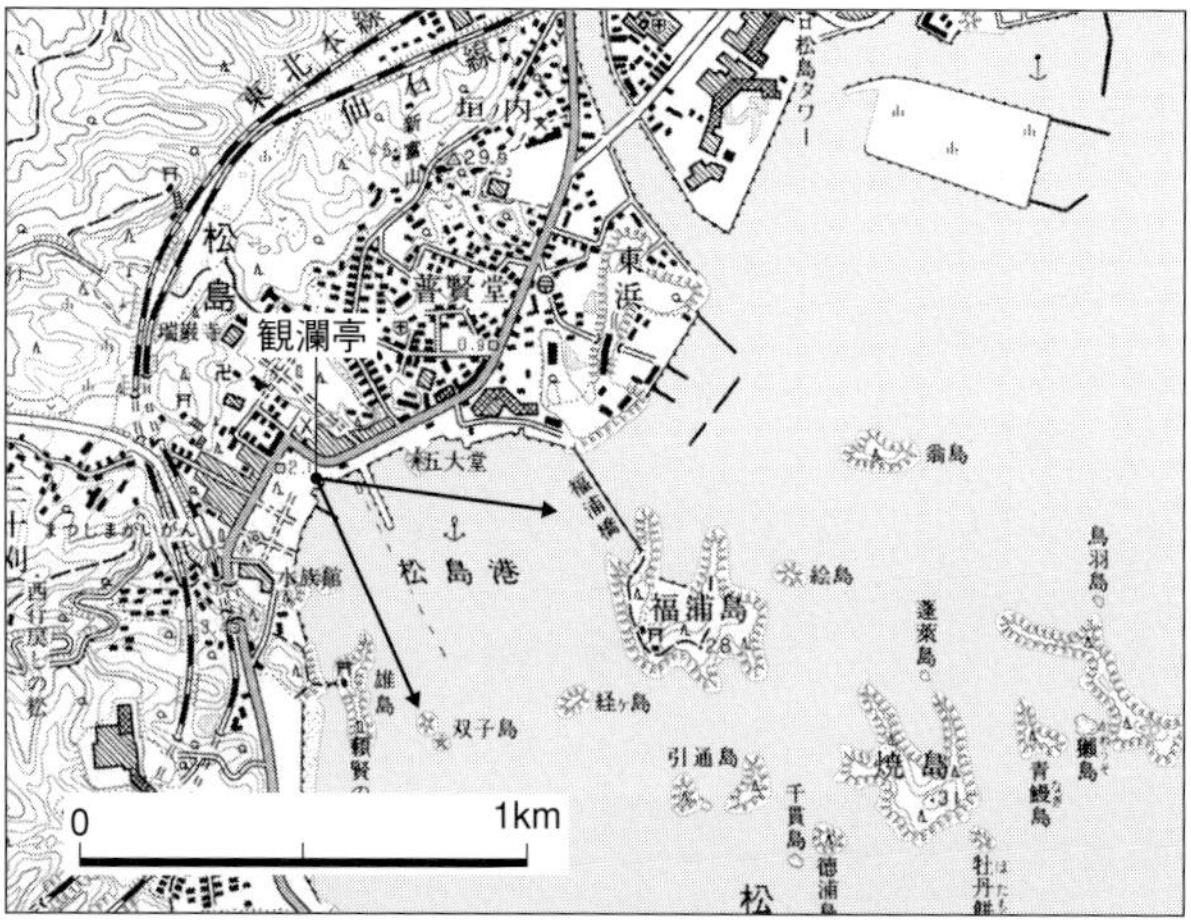

図4-18　松島（宮城県）
観瀾亭からの眺め。海面からやや高いところに位置し、眼前の多島海式風景を生け捕る。

図4-20　双観山の食事処（宮城県・松島）

松島には、多聞山、扇谷、富山、大高森の四大観と呼ばれる眺望点が知られているが、それ以外にも素晴らしい視点場が幾つか発見されている。双観山もそうした場所の一つである。

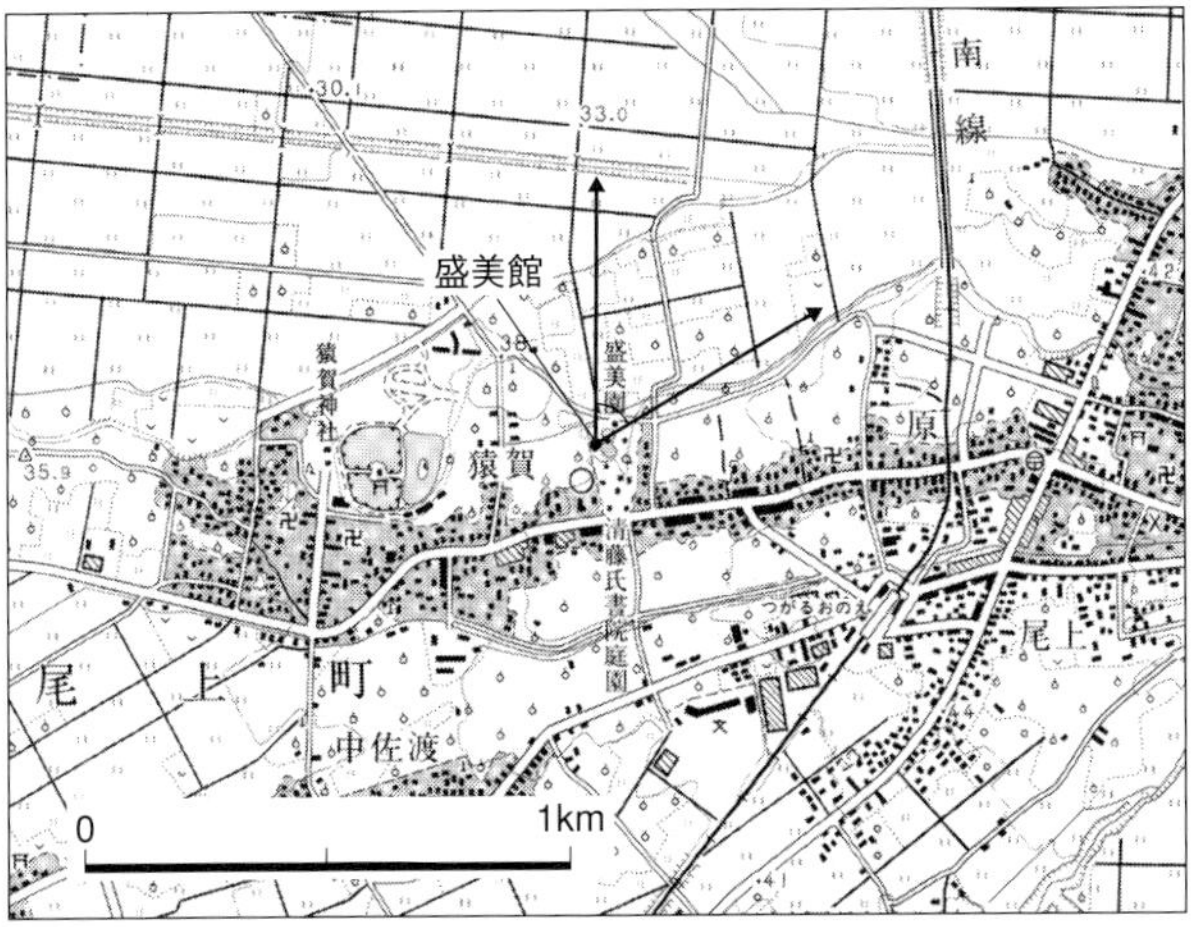

図 4-19　盛美館（青森県）
前面の主庭越しに津軽平野の眺めを取り込む。

図 4-22　美保関灯台のティーショップ（島根県）

図 4-21　山並みハイウェイのドライブイン（大分県）

ておくが、ここでいう操作とは、眺めの対象として何を捉えて、どのように見せるかということである。なお、こうしたことを景観工学では、視点、視点場、視対象、対象場の関係の操作という（図4－23）。

さて、実際のところ、景色の生け捕りの実践はとても難しい。おわかりであろう、「枠」に対する視線のわずかな動きで素晴らしい眺めの方向を得ることもあれば、せっかくの視覚像の納まりが崩れてしまうこともあるからだ。残念ながら私の知る範囲では、品のよい納め方を授けてくれる万能方程式などは存在しない。が、参照すべき手がかりならある。たとえば風景画家の眼と描法である。景観設計の立場から二つ三つ示唆に富む例を眺めてみよう。

葛飾北斎の『富嶽三十六景』「尾州不二見原」（図4－24）や、安藤広重の『名所江戸百景』のうち「上野清水堂不忍ノ池」（図4－25）と「上野山内月のまつ」（図4－26）などは第一にその奇抜な構図に大いに驚かされる。と同時に、視対象への照準の合わせ方や円い枠内の構図のとり方の巧みさに感心もする。いささか大げさだが、象意《しょうい》の読み取りとして禅の「円相」すら意識させるところもある。また、広重の同シリーズにある「真崎辺りより水神の森内川関屋の里を見る図」（図4－27）は、思わせぶりに円窓を半開きにしたことが向こうの景色への関心を高め、それが覗き眺めるという行為への仮想的参画を促

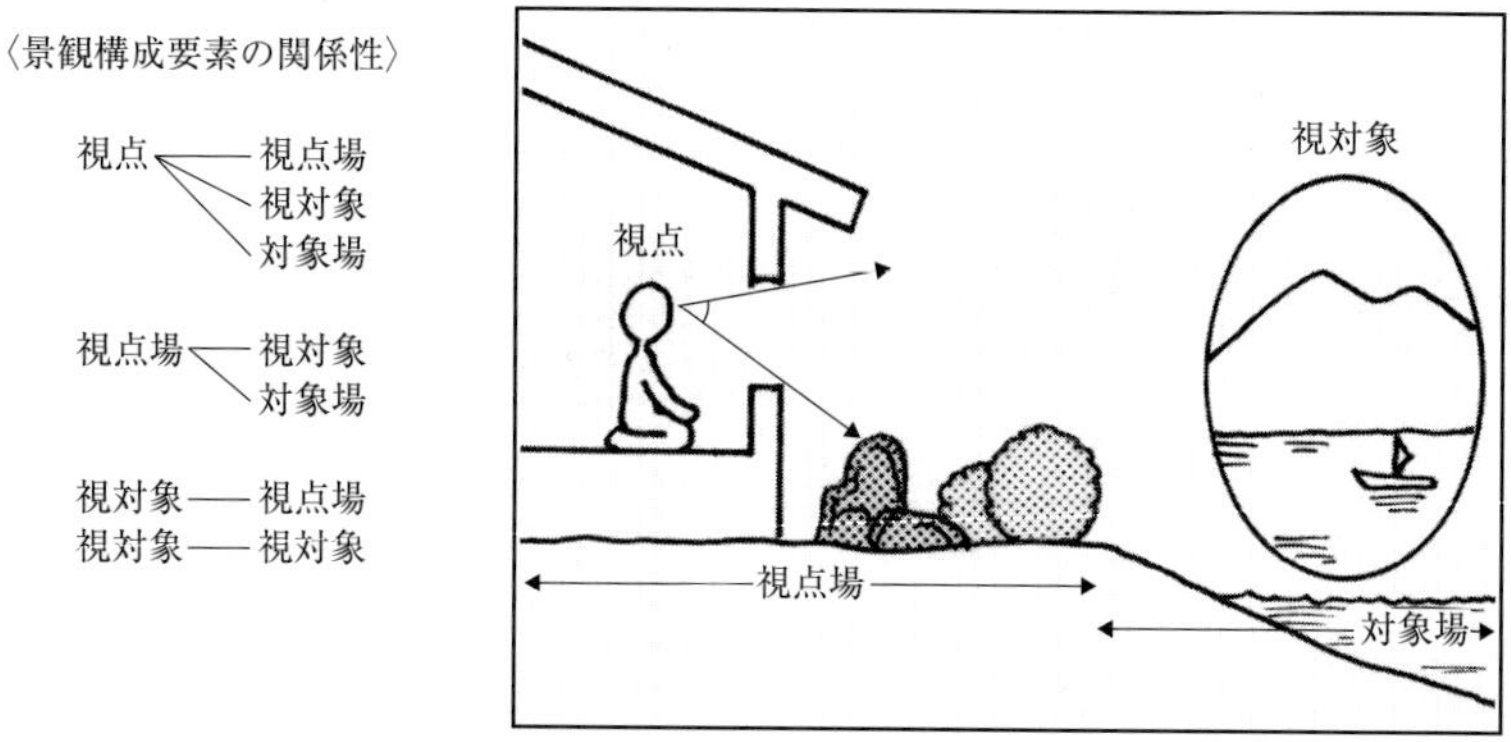

景観構成要素である「視点、視点場、視対象、対象場」の相互関係を操作する。

図4-23　「生け捕り」の景観操作

図4-25 「上野清水堂不忍ノ池」(安藤広重)

図4-24 「尾州不二見原」(葛飾北斎)

図4-27 「真崎辺りより水神の森内川関屋の里を見る図」(安藤広重)

図4-26 「上野山内月のまつ」(安藤広重)

す。この画面の印象がちょうど見る者の視線の延長にあるかのように感じられるのは、前景の梅ヶ枝から遠景の筑波山までをやや俯瞰気味（一般に、立った姿勢の視線は俯角一〇度程度、座った姿勢では俯角一五度程度である）に納めているからである。このように窓による切り取りは特に操作性が高いのだが、そういう理由もあってか、わが国に限らず窓に関するこの種の効果を狙った実例が幾つか知られている。

実際にどのような体験がなされるのかを、とてもわかりやすい実験的な例として大洗美術館（茨城県大洗町）にある「風景窓画」（図4-28）という名を持つ窓で考えてみよう。もっとも理解しやすい視覚的構造を中心に説明する。

ご覧のとおり、海側の壁に設けられたはめ殺しの窓である。金の額で縁取られており、約三〇〇号（縦一四八×横二七〇センチメートル）の大きさがある。

ところで、当然のことながら風景画のごく標準的な鑑賞形態からいうと、風景画を眺めるには画面の大きさに見合うだけの「引き」が要求される。この場合、引きとは絵から離れる距離のことであり、そこに眺めの位置（視点）が置かれる。であるとするなら、ここで展開する体験とは手短にいえば窓の外の眺めを絵画に見立てた観賞行為なのであるから、必然的に「風景窓画」でもちょうどよい視点の範囲が想定できるはずである（いうまでもないが、個々の鑑賞者に帰属すべき各人各様の好みの視点を否定するものではない）。そこで手がかりを与えてくれるのが、視対象の構図的納まりのよい視角（水平見込み角二〇度×鉛直見込み角一〇度）や視野指標として一般的に用いられる六〇度視錘などである。この数値を参考に「風景窓画」を眺める位置を

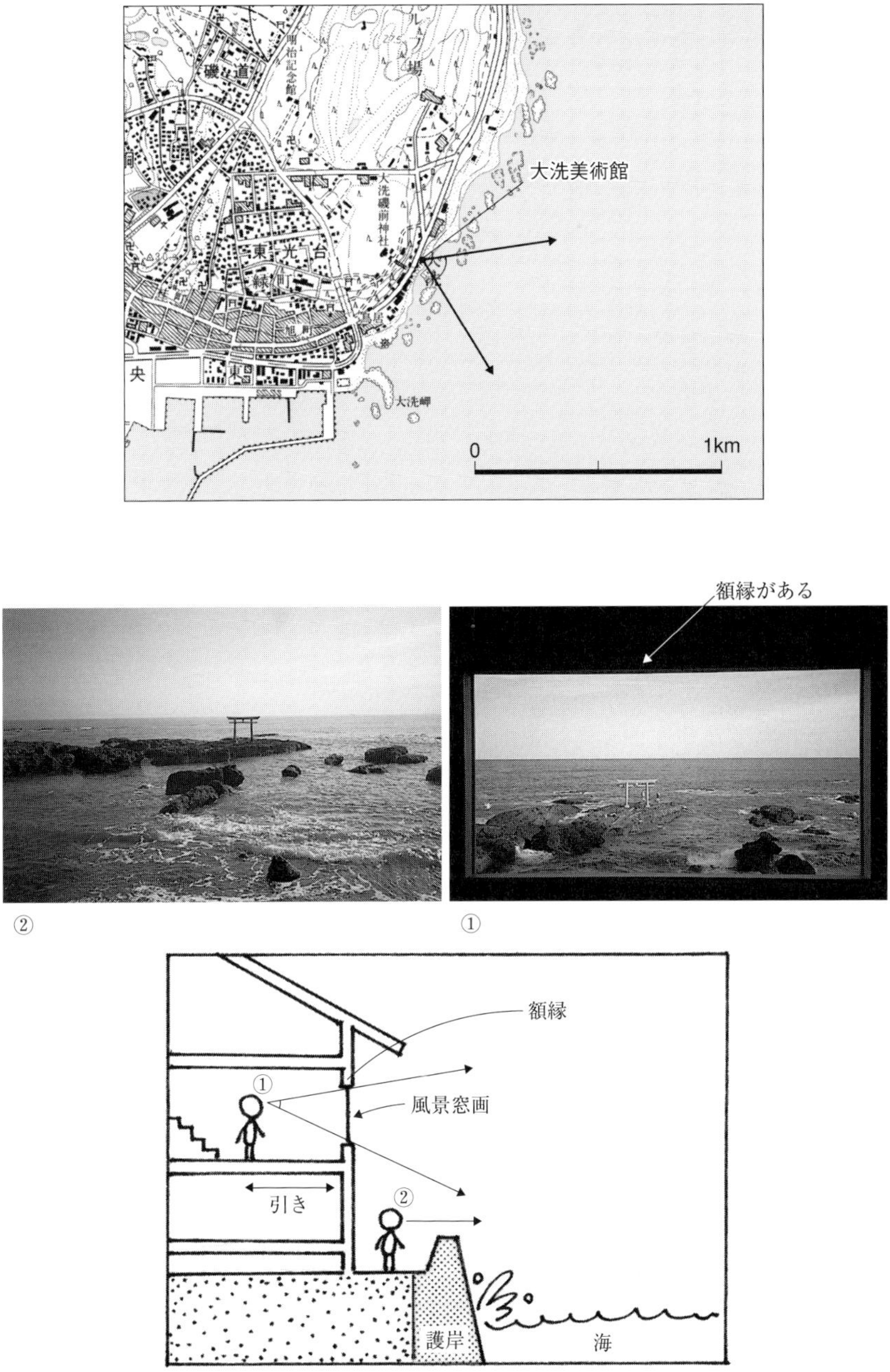

図 4-28　風景窓画

考えてみよう。

窓外が海の景色なので水平方向の角度に重きをおこう。水平見込み角θは次式で与えられる。

$$\theta = 2\tan^{-1}\left(\frac{W}{2d}\right) \quad W：窓の幅，d：視点から窓までの距離$$

結果、窓枠＝額縁の水平見込角θが二〇度のとき、距離dは約七六五センチメートル、同六〇度のとき、約二三四センチメートルとなる。したがって、窓から離れること七六五～二三四センチメートルが一応の目安となる。その間で気に入った観賞点を選ぶことが、枠取りの景観体験にとってよい効果を生むであろう。

さて、こうして選ばれる視点で目の当たりにする光景はどのようなものか。次に観賞の中味の説明に移りたい。おおざっぱであるが主要な景観構成要素を拾い上げてみる。

画面前景から遠景に向かって、磯場にあってひときわ目を引く赤い鳥居（大洗磯前神社の磯の鳥居）、その周囲の岩場で遊びに興じる人々、寄せては砕け散る波、沖合を行き交う船舶、彼方の水平線（水平線までの可視距離＝$\sqrt{h}\times 3.9$ km、hは視点の高さ（m）、仮に、「風景窓画」を眺める視点位置が海面から四メートルとすると水平線までは七・八キロメートル、五メートルとすると八・七キロメートルとなる）、そして刻々と移ろう空の色となる。

それらをよくよく総合して眺めると「風景窓画」とは、単なる「絵画見立て」ではなく、まさに眺めの生け捕りにふさわしい動的で臨場感にあふれた「移ろいの名画」であることが実感されてくる。

ところで、風景観賞の主体をなす視覚的な説明の概略は以上をもってすむと思うが、この種の景観体験で忘れてならないものに五感的効果がある。この場合、それは視覚像が引き起こす仮想的な感覚であって、窓外の光景が契機となり、実際には聞こえるはずのない波の音、感じるはずのない海風の感触、嗅ぐはずのない潮の匂いが想起されることによって生じるイメージを協働させ感受することを指す（前掲書『移ろいの風景論』の第一章に詳述）。視覚像以外を遠ざけるはめ殺しの窓に特有の五感的効果といえ、それがここでの観賞方法のベースをなしている。

さて、これまでのところを操作性という観点から整理してみたのが図4-29である。私自身機会を設けてぜひ試みてみたいのだが、実践に際し気をつけねばならぬことがある。それは、成功したデザイン例を鵜呑みにしてはならないということだ。適用する場における景観上の設計条件の違いをよく吟味もせず、またデザイン自体に対する何らの批評なしにそのまま真似をしても決してよい結果を生むとは思えない。個々の設計対象に応じて個別に答えを出すこと、すなわち創造的かつ知的作業の常識として、先達に習う謙虚な姿勢とともにある新たな創意工夫が必要であろう。景観デザイナーのセンスや品のよさが問われるのも正にそこなのである。

さて、以上は、枠取られた景色を主景として眺め、それを楽しみつつ食事をすると

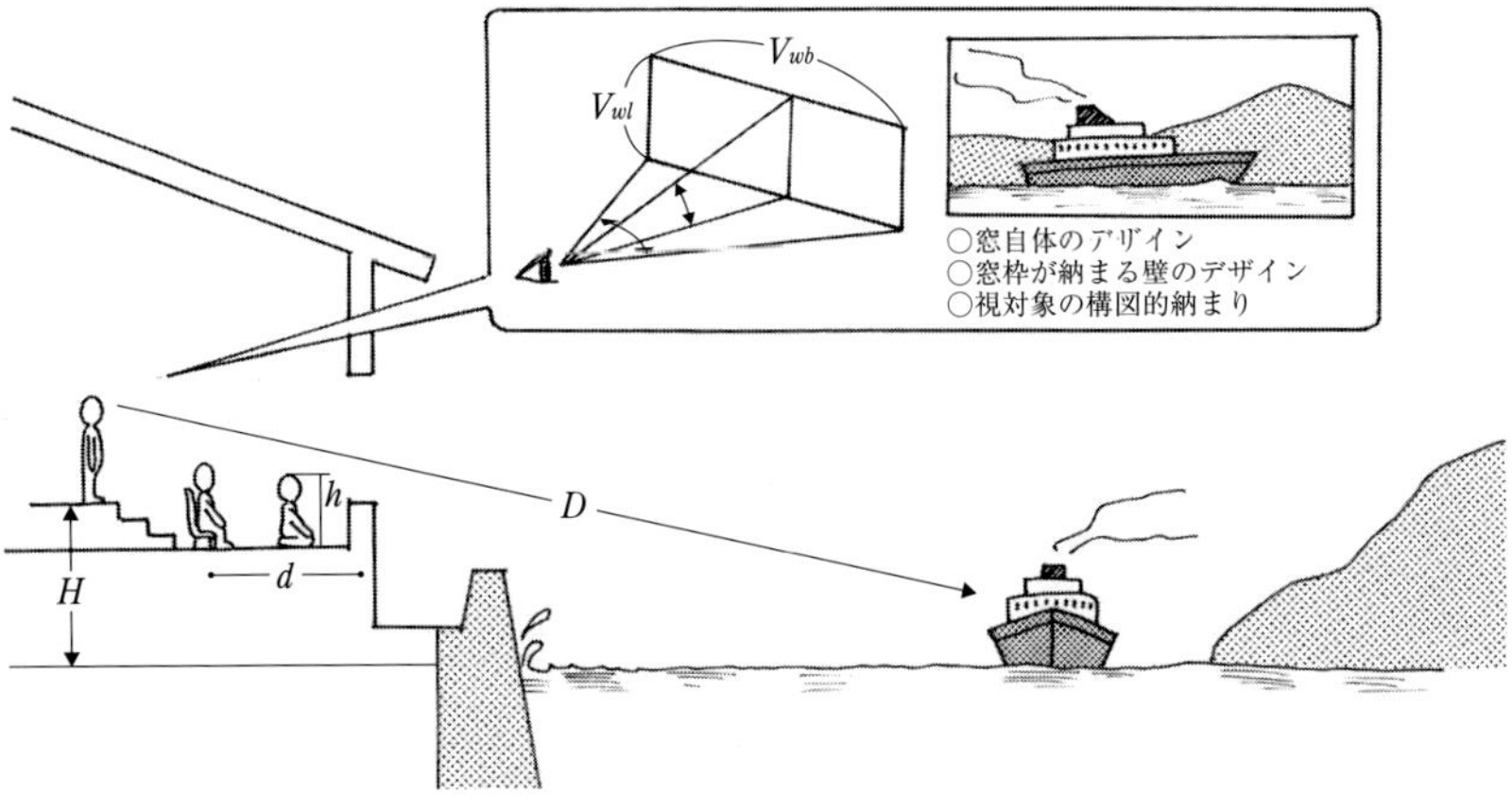

D：視対象までの視距離
H：視点場の高さ（視対象との比高差）
d：窓・開口部までの距離
h：視点の位置
V_{wl}：窓・開口部の縦の大きさ
V_{wb}：窓・開口部の横の大きさ

［参考］枠取りの景観操作（窓・開口部の大きさと視角、単位：度）

寸法 / d(cm)	鉛直方向（V_{wl}）		水平方向（V_{wb}）		
	V_{wl}'	V_{wl}	半間(90cm)	一間(180cm)	二間(360cm)
90	42（52）	90（77）	53	90	127
180	26（28）	53（49）	28	53	90
270	18（19）	37（35）	19	37	67
360	14（14）	28（27）	14	28	53

例：座った姿勢 h = 80cmでの視角　（　）内は立位 h = 150cmでの視角
h：視点の高さ
V_{wl}'：窓など開口部の下端が床上 90cmで上端が 180cmの場合
V_{wl}：窓など開口部の下端が床と同レベルで上端が 180cmの場合
d：窓・開口部までの距離

図 4-29　枠取りの景観操作

いう場合である。が、枠取られた景色が「背景」[*5]として働き食事の場を美しく演出することもある。やや強調して言い換えれば、背景が場の雰囲気や品格を決することもあるということだ。ただしそこには前提がある。こうしたケースは同じ場に居合わせた者同士の（たとえば自然の景色や庭の眺めを背景にしたときの）「見る―見られる」の関係（＝お互いが眺めながら演じるという気分の高まり）を下地とするのである。次に若干ではあるが食事の場の「背景」、特にその操作的な意味について触れておく。

＊5
背景とは、物的、心的を問わず中心となる働きをするものの背後をなすこと、というのが私の捉え方である。他方、一般的な辞書には、人や物の周囲の状況や背後の景色、ある物事の陰に隠された事情、思想や行動の根拠等々、とある。

絵画の背景に学ぶ――意味を語る背景

考察を試みるにあたり、ここでは絵画の背景を分析対象として用いたい。具体的には、たとえばレオナルド・ダ・ヴィンチ（一四五二～一五一九）の作品群などが理解の手助けとなる。

「モナリザ」の背景も興味深いが、「食と風景」としては、最高傑作の一つであるサンタ・マリア・デッレ・グラッツィエ修道院の食堂の壁画に描かれた「最後の晩餐」（図4-30）が特に見逃せない。

ところで、ご承知のとおりルネッサンス期は、「風景」や「風景画」という文化的現象への明確な意識が表舞台に登場し、それらが市民権を獲得し始めた時期である。その旗手の一人として知られるのが、レオナルド・ダ・ヴィンチである。若干二一歳の作品「風景」（一四七三年八月五日、サンタ・マリア・デッラ・ネーヴェの日、とある、図4-31）に始まるとされる彼の自然現象の素描群は、誰の目にも明らかなよ

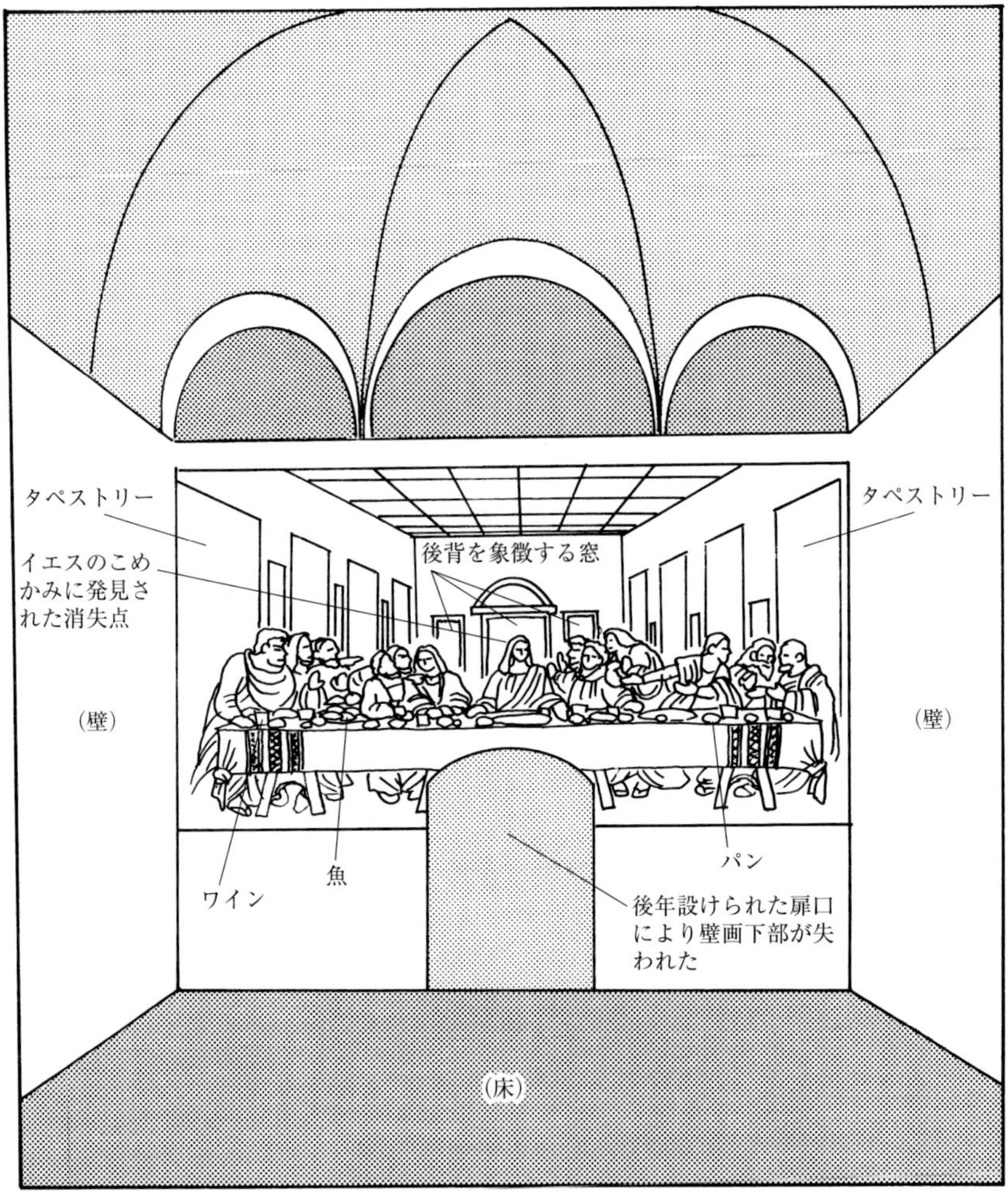

透視図法にもとづく計測によれば、部屋の大きさは、幅約10m、奥行は20mを超えるという。
また、テーブルの大きさは、幅約2.2m、長さ8.1m位という。

図４-30　最後の晩餐（レオナルド・ダ・ヴィンチ）

うに「風景画」そのものといえる。独立したジャンルとしての風格すらある。だから、他のジャンルの画中の「背景」にもそういう意識が込められたとしても不思議ではない。

さて、「最後の晩餐」に関する宗教上の厳密な解釈は筆者の手に余るが、近年約二〇年の歳月（一九九九年終了）をかけた科学的修復で一段と明らかになった描画手法、そこに見る五〇〇年も前の視覚的操作と意味的操作との融合に、景観研究者として興味を覚える。前者は、レオナルドの空間論、すなわち線的遠近法と空気遠近法とを融合させた透視図法に関する古典理論を指し、後者は、眺める者に求められる情景の解釈である。

この「聖餐」はあたかも食堂内部で繰り広げられているかのように見えるという。イエスのこめかみに穿たれた釘穴を消失点とした壁の描写、そして各人物や背景の配置、光の方向を示す左右の壁の明るさの違い、室内から窓外さらに遠景へと続く満たされた大気の移ろい（最新の研究によれば、シミュレーションの結果、光は四月上旬の午後五時過ぎ頃という、晩餐にふさわしくよく計算されているといえる）等々、「最後の晩餐」とは多くの画家が挑んだテーマであるが、ものの配置や人物の表情そして仕草などに至るまで、レオナルド独自の解釈と暗喩があるという。食卓を見ると、四隅で結び目をつくり、図柄や折り目を合わせてセッティングされたテーブルクロスの上には、主菜の魚（イエスの象徴）、透明なグラスに注がれたワイン（血）、丸みを帯びたパン（肉）、切り分けられた柑橘類、などがある。まさにテーブルアート

図 4‒31
レオナルド・ダ・ヴィンチの「風景」（1473 年。フィレンツェ・ウフィーツィ美術館蔵）

の古典といえる。また、光背を象徴する（イエスを強調する光背となすために窓を極端に遠ざけている）というイエス後方の窓外の景色は、いわば食堂を飾る背景のなかの背景となっており、徐々に淡めく山並みがやがて空と一体化するという描写を得、まばゆい光の印象を放っている——見る者の神経の張りつめるこの絵画の下で、修道士たちは厳粛に食事をしたのだろう——これが私の頭の中に浮かぶイメージである。

さて、このように見てくると、改めて食事の場における背景の重要な役割とその景観的操作の影響力の大きさが理解される。特に、視覚的な操作もさることながら意味的操作の働きが食体験の味わいの厚みを生み出すものであることに気づかされるのである。景色を切り取り意味を与え解釈を促すこと、食事の場において視覚的操作と意味的操作とを両輪とする、そのような操作との出会いを私は大切にしたい。

器と視覚

景色をしばらく眺め、そして目を手元に移すと、そこにあるのが料理を入れた円や四角の器である。操作性を考える延長として、ここでの締めくくりに、対「器」に関する視覚的意味を話題にしたい。

視覚に訴えておいしく感じさせるためには、料理の美しい姿をもたらす盛り付けの約束事（「第2章　3　食味箪笥」で触れたように、日本料理においては、食べよく、彩りよく、季節感があること、料理に対して大きめの器を用いること、やや立体的に皿の奥から手前にくるように盛り付けること、鉢類ならば中高にし天盛りを添え引き締めること、等々の基本が、食欲をそそるべくとられる大切な「姿」という）とともに、ディスプレイ効果を狙った眺めさせ方、すなわち皿に盛られた料理（視対象）と眺める人（視点）との間の視覚的関係が操作をするうえで重要となる。

特に問題となる視野への納まりの善し悪しという点は、これまでと同様、眼前の料理の姿においても共通である。俯瞰構造であるその眺めでは、器までの視距離、眺める角度、見えの大きさに注意を払わねばならない。そのためには次の事柄に配慮する。

①　箸などの食具を用いて無理なく届く位置

　わずかに手を伸ばすだけで料理がとれる範囲に器が置かれるのが望ましい。

②　首や眼球の無理な動きを強《し》いない範囲への器の配置

　たとえば、視線の先を、俯角にしてマイナス四五度（楽な頭部の動き〔マイナス三〇度〕と座った姿勢での標準的な視線の方向〔マイナス一五度〕と併せた数値）を目安にする。

③　料理を器に取り込む、あるいは酒をつぐなどの動作や仕草が円滑にかつ美しく見えるための膳や卓の高さの工夫

　たとえば、膳や卓の高さを抑えると、手を構えた位置から少ない上下動で料理をとったり酒を注いだりすることができるため、その仕草がなめらかに見えて美しい。

これ以外の、複数の器を用いる際の配置バランス、心地よく感じる見えの大きさ（器

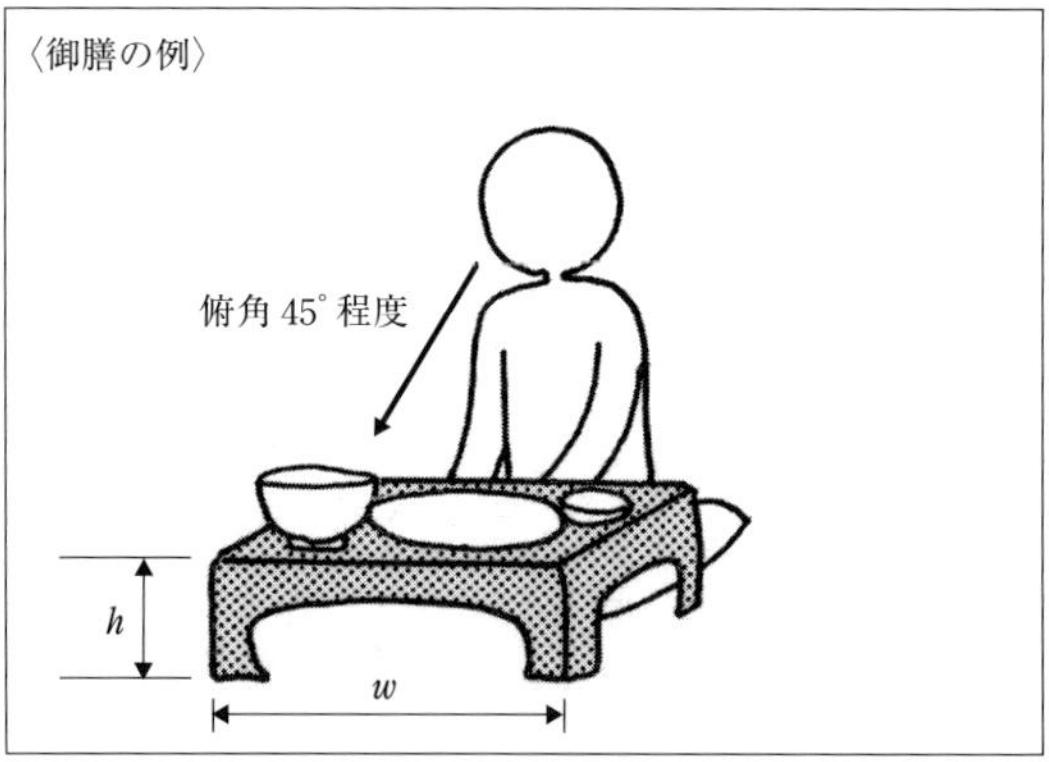

- h は、膳の上面と腰高によって決まる。
- w は、肩幅 +α 程度（料理をのせて持ち上げて運びやすい幅）。
- 器は身体（手や腕）の寸法や動作に合致した大きさ。
- 器の位置は俯角にして 45°前後。

- 卓上の場合は器自体の大きさが優先される。

図 4-32　器・膳・卓の視覚的納まり

の見込み角＝見張る角度)、視線入射角（料理面とのなす角度）と見え方、といった問題については、それぞれ上述したことを援用すればいい。私が意識するのはおおむね以上のとおりである。

さて、これまで室外の景色の取り込み、背景、器と料理、の順にその操作性について眺めてきたが、それぞれが単独であれば体験する機会は少なくないであろう。しかし、協働する状況、すなわち各操作の響き合う食事の場となるとそうそう得られるものではないようだ。同席する者の共食の気分を盛り上げ料理の味わいを高める演出、食と風景との更なる交流を待ちたい。

第5章　様式と意匠

1　あかあかや

あかあかや　あかあかあかや　あかあかや
あかあかあかや　あかあかや月

　不思議な名歌である。心眼の視線と月光との融合が悟りの真理に近づいた高い境地をあらわす。自己流の解釈を許していただけるならば、この歌は月をこよなく愛した明恵上人（一一七三～一二三二）の発見してくれた、月光と一体化するという至高の風景観賞様式である。景観を学ぶ者としてこの歌に憧れる。

「あか」――少々手ごわいが、食材の色として欠くことのできないこの色について考えたい。

　いうまでもなく、「あか」の原義には色味ばかりでなく「あか＝明」の意（一説に「くろ＝暗」の対）がある。この用法の景観体験として、冒頭のほかにすぐに思い出されるのが『移ろいの風景』の執筆中に出会った『奥の細道』の一句である。


あかあかと日は難面《つれなく》もあきの風[*1]　芭蕉

と、同時に連鎖して浮かぶ『古今和歌集』の立秋吟がある。

＊1　初秋の夕日は、秋になったのも知らぬように照りつけ、残暑は一向に衰えを見せないが、さすがに秋風には涼しさが感じられる。

秋来ぬと目にはさやかに見えねども　風の音にぞおどろかれぬる[*2]

藤原敏行朝臣

古歌を杖に道を歩んだ蕉風の必然を感じ、生彩あふれる詩脈から喚起される景観美に打たれる。両者とも季節の移ろいが実景と意識との間で揺らいでいる。加えて、あかい色の匂う芭蕉の立秋吟には、旅の難儀、俳諧仲間の訃報など、去来するさまざまな思いが込められているという。名歌名句にこもる風景の古典は、われわれに風景解釈のおもしろさを教えてくれる。私は、移ろいの風景の読み方をこのようにして学んだ。

日本語では、「あか」とは夜明けの「明《あ》け」から暁の「赤《あか》」と連想され明け方の太陽と結ばれる、という解釈が支持されている。きまって描かれるその形姿は「日章旗」のように「まるい赤」である。また、夕暮れの太陽は、茜さす夕照《せきしょう》が、魂、血、来世あるいは浄土などの象徴として人々の無垢な心を染めてきた。さらに、このシンボルたる太陽とその方位が「神」および「神の座」と意識され、わが国古代都市計画の街路軸の決定にかかわったこともある。すなわち、陰陽道に備わる四神思想の方位観[*3]や地相判断が、南北を貫く「朱雀大路」と「朱雀門」とを設けた。白壁に朱塗り柱の大門が、たたなずく青垣に映えるという補色的な眺めは美的対比として普遍であろう。

＊2　秋が来たと、目にははっきりと見えないけれども、さわやかな風の音に、それと知られたことだ。

＊3　四神相応といい、東―青龍、西―白虎、南―朱雀、北―玄武と、それぞれの方位を司る神がいるというもの。

「あか色」の器量

われわれには、赤い果実や野菜を見ると食欲が高まってしまうという、遠古から刷り込まれてきた本能的な記憶がある。また、現在まで引き継がれてきた「あか」の意味には、艶のある麗しい状態を指す「紅顔」や「赤子」のような使い方がある一方で、「赤面」のように恥じ入る感情が顔に出ることを指す場合もある。さらに、紅染めの褪色しやすさが意識され、はるか昔には、哀しみがこもる移ろいの色とされた時代もある。

現代のわれわれが共有する「あか」の移ろいはもっと可憐で美しい。たとえば、桜色を代表とする春の「あか」も、紅葉色を代表とする秋の「あか」も、旬を飾る料理の彩りに反映される。花見や紅葉狩りの行楽弁当に詰める「あか色」と、春ならば端山から奥山へ秋ならば奥山から端山へという空間体験とを緋毛氈《ひもうせん》の上に重ねれば、食と景観の楽しい融合が図れる。染め色の移ろいに仮託される心情ではなく、飛花落葉の美意識がある。

さらに、こうしたハレの場面に欠かせない華やかなる「あか」は、金銀ともども、めでたさの象徴となる。「赤飯」をはじめとする御供え、飲み物や料理、衣服や演出の道具立てに至るまで、多くの「あか」が幾重にも祝儀を飾る。もちろんこれらは皆、農作物の光景や食品加工の風景といった日常的な場面に登場する「あか」を大切にしてこそ成立する。唐辛子やトマトや苺などの赤、赤紫蘇で染め上がる梅干、「干しの技巧」で触れた駿河湾名物の桜海老などの眺めの数々は五感を刺激してやまない。

さて、了解されているように「食のあか」は、緋、朱、紅、橙、桃、茶、小豆などをも含む幅広い色味を指す。だから、赤色で想起される食べ物は多い。現代は食品化学等の進歩で着色や発色の技術が高まった。こういう時代であればこそ、食品本来の色に立ち返る姿勢が必要と思う。事実見直され、天然色素を用いた節度ある着色技術が浸透しつつある。その彩色の妙を楽しく味わえる遊び心を養いたい。真《まこと》を取り戻した目は、自然のなかに美しい「あか」を発見しよう。

と、ここまで述べてきて、私自身「あか」の指す色味の再確認を思い立ち、手元の『日本色名大鑑』*4を開いた。初心に戻り色を味わうのにうってつけのこの労作で、私が気に入っているのは、「赤蘇芳《あかすおう》」に染められた布表紙の装丁、見返しの「藍色」、特別に漉《す》かれたという台紙の手触り、そして何よりも一枚一枚美しく貼られた「染め布の色標」の、印刷にはない風合いである。十二単《じゅうにひとえ》や五衣《いつつぎぬ》に見る「重ねの色目《いろめ》」の印象をかたわらに頁をめくる。さらに「あか」とかかわる「紅梅《こうばい》」「韓紅花《からくれない》」「銀朱《ぎんしゅ》」「猩々緋《しょうじょうひ》」等々の色に接し、あらためて赤の色彩の繊細な広がりが実感される。様々な領域で多彩な色調を育んできた日本の風土と文化に幸せを思う。美しい「あか」に乾杯。

＊4　上村六郎・山崎勝弘著、松本眞澄（染色制作）、染織と生活社刊、一九七六

2　白《しろ》の美と色香

澄み切った大気を得て、朝日を受けた雪の秀峰は紅から白に変わる。日本人の米の飯は古代の赤米から白米へと変わってきた。そのうえ、ほかほかの白いご飯に赤い梅干しなら日本人の食事の基本となる。よろず「紅白」揃って体を成す。「あか」に続き「しろ」について考えよう。

白のそれぞれ

われわれは、日常生活のなかで風景や食に数々の美しい白を発見してきた。たとえば自然美礼讃のことば「雪月花」には白雪の美がある。また、ほのぼのと白む夜明けの美も、月光を映す白砂と斎庭《ゆにわ》*5もある。白光のあふれる「白砂青松」では、白雲、白波、白砂が渾然となって視線と戯れる。いわば白尽くしの饗宴である。あるいは、谷崎潤一郎の『陰翳礼讃』に見る翳りの美しさのように、障子という生活道具の和紙のもたらす光線に白の美を悟ることもある。郷愁を誘うのは、野焼きや落ち葉焚き、薪の風呂や竈《かま》、蒸気機関車、童謡「朧《おぼろ》月夜」の情景のように、出会うことが少なくなった白の風景である。不思議とみな、匂いや音の印象をともなう。唐突だが、屏風絵や絵巻物には「源氏雲」*6という時空を超えるための白があり、お伽話には玉手箱から立ち上る白煙のごとく「幻惑の白」がある。

＊5　神をまつるためにはらい清めたところ、祭りの庭のこと。

＊6　画面の区切りや装飾的効果、また遠近の表現などをねらって描かれる絵雲のこと。雲がたなびいている模様が描かれる。

図 5-1　湯気のある景色

食の白とて数え上げればきりがない。食べる原点からして白米や白塩なのである。食べ物を受ける側には白磁の美がある。常景のなかにほわほわとたたずむ白は味覚をそそる。饅頭や粽《ちまき》やおこわの蒸籠《せいろう》が匂う店頭の白や、源泉を利用した天然の大釜での煮炊き、造り酒屋の仕込み、囲炉裏の鍋、丼の蓋を開けると上がる湯気などがそれである。こうした揺らぎ移ろう白い蒸気が添景となって、その場の情緒や風情を高める。品格を貶《おとし》めてしまうような安易な発想の飾り付けと異なり、また見映えをよくするための漂白などとは根本的に違う白の景色である。そのほかにも、白無垢や白装束に代表される、汚されやすいがゆえに浄く尊い白のイメージが生活文化のあちらこちらであらわれてくる。どれも先祖代々われわれが慈しみ共有してきた白の文化である。

乾坤《けんこん》を満たす「白」と視覚のレッスン

さて、わが研究のキーワードの一つ「移ろい」の視線で味わう白がある。その風景の主役として季節や時刻を彩る霞や雲、靄や霧、雨や雪氷などはみな白く美しい。本来無色透明の水蒸気が水滴や結晶となって大気を白で満たすのである。これらは中心テーマにこそならなかったものの、風景に変化を与える変動要因として近代景観論以来ずっと関心を持たれてきた現象である。たとえば、わが国の眺めに文学的かつ科学的にメスを入れた風景論の古典、志賀重昂《しげたか》（一八六三～一九二七）の『日本風景論』は、「日本には水蒸気の多量なる事」と説いた。「江山洵美是吾郷」との思いがみなぎ

図 5-2　松林図（長谷川等伯、東京国立博物館蔵）

るその眼差しの向こうに、やはり私は「白」を意識する。

空に浮かぶ雲を見上げては楽しみ、雲海を見下ろし雲上人の気分となる。変幻自在な雲への能動的な働きかけを語る仰観から俯瞰まである雲見の伝統には、瑞兆《ずいちょう》の投影や見立てや望気[*7]がある。このような雲の持つ思想性、視覚性、造形的美しさは、数多くの「雲の名」にその足跡を残し、「雲文」や「雲形」として食道具を含む美術工芸品や衣装や神社仏閣へ浸透した。いうまでもなく霧や靄、雨や雪氷の持つしめやかさや、柔らかく包み込むような視覚性もまた雲と同様である。様々な文化領域へと広がる美的連想は、もちろん料理へも進出した。料理の「おぼろ何某」は霧や靄が生み出す視覚的効果をイメージした粋な名前であり、焼き魚に施す化粧塩や洋菓子にふりかけるパウダーシュガーなどの目を楽しませる（図5-3、5-4）。デコレーションは、山里の雪化粧、初冠雪や残雪、大地に降りたての雪や斑雪《はだれ》の白を連想させる。さらに、白の美意識は次のような景色を発見してくれた。たとえば大気の白が媒介する新たな意味の生成がある。

水墨画が典型の、「余白」が引き立てる幽遠な風景美などはよく知られるところであるが、移ろいの視点で見落とせないものに、不足の美・否定の美なる風景がある。「見渡せば花ももみぢもなかりけり　浦の苫屋の秋の夕暮れ」（藤原定家『新古今和歌集』）、「花は盛りに　月はくまなきを見るものかは」（吉田兼好『徒然草』）、「霧しぐれ富士を見ぬ日ぞおもしろき」（松尾芭蕉『野ざらし紀行』）等々、脈々と諭し紡がれた情景である。もっぱらこうした風景への共感は文学的解釈の舞台でなされてきた。

図5-3　化粧塩

図5-4　パウダーシュガー

だが、私にはさらに身体感覚的な働きかけをしてみたいという遊び心がある。それは、視覚のみならず音、匂い、感触などを、文芸推理を真似て想像する我流の謎解きである。この訓練を気象学、気候学、天気図学等の科学的知識とデータとを景観的に読み解くこと、気に入った身近な視対象（私の場合は赤城山と浅間山）の相貌を相手に、光と大気の見えの状況を推定すること、などで試みているがなかなか難しい。「詩の景色《ことば》」独特の味わいのせいである。やはり、詩脈から取り出し科学的に精査すると失われてしまう詩《ことば》の輝きというものがある。

さて、世の中にはわれわれが気づくのを待つ白がまだまだあるに違いない。先達の審美眼に学びつつ、見逃すことのなきよう一期一会の観賞を大切にしてゆきたい。

＊7　観展望気のこと。空や大気の状態を測定器によらずに観察し、過去の経験的な知識から天気を予測すること。近代気象学発達以前の予報術のこと。

3　夜景遊宴

夜景の美しさは照明の明るさと黒い闇にある。しかも、両者が互いを際立たせてこそ眺めとしての楽しみが生まれる。

夜景の古典

前著でも触れたが、電気の照明装置が生まれる以前の夜の眺めの伝統は、月明かりや星明かりを愛で、群舞する蛍の光を鑑賞することなどを除けば、あとは炎の介在する景色ばかりである。かつて炎は夜景の主役として欠かせない存在であった。とはい

図5-5　函館山からの夜景
土地の輪郭や道路、河川の位置が浮き上がる。そして照明の色や分布を楽しむ。

図5-6　ライトアップ（横浜・三渓園の観月会）

え現代でも、揺らぎ移ろう照明が珍しいだけに、主役とはいえないまでも出会えば心ときめく魅力的な眺めである。均質な光に満ちた日常景のなかにあって、はかなげな美しさが匂うことも、妖しげな魅力を放つことも、迫力をもって燃え上がることもある炎の明かりは、きわめて希有な存在であるといえる。

炎を用いる明かりや暖としての道具には、行灯《あんどん》、提灯《ちょうちん》、篝火《かがりび》、松明《たいまつ》、灯明《とうみょう》、灯火《ともしび》、たき火、暖炉、囲炉裏《いろり》、蝋燭《ろうそく》、オイルランプ、ガス灯、等々がある。道具もいろいろだが、燃え方を表す味わい深い言葉も種々生まれている。チョロチョロ、パチパチ、ユラユラ、トロトロ、メラメラ、ボウボウ、ゴォーゴォーなどは、揺らぎ移ろう炎のイメージを含む擬音語や擬態語である。

炎には人を引きつける能力も認められる。炎があると、それを中心に人が集まり同心円ができる。そして人が炎を見つめると、伝う熱は手をかざすようにしむける。炎は単なる燃焼反応にとどまらず、視覚や触覚、嗅覚や聴覚などの刺激を通して、多くのメッセージを発しているように思える。囲炉裏を囲んで食事をする際の心地よさなども、そうしたことからもたらされるのであろう。

絶えず変化する炎そのものを眺めるのはそれはそれで楽しいが、眺めとしてもう少し意味の込められた景色がある。たとえば薪の能（神事能の一つ。薪の宴で行う能とは別の夜間の野外能）の「焚き火」、寺社の祭礼時に門前に置く「篝火」、儀式の際の「護摩焚きの火」や「お水取りの火」、霊魂を迎え送るときの礼に使用される「迎え火（七月の魂祭に精霊を迎えるために焚く火、一三日の夕方門前でオガラを焚くのが一般的）」と「送り火（盆の最終日、旧暦七月一六日に祖先の霊魂を送るために焚く火）」、さらにその象徴化が進み固有名をも獲得した、京の夏の夜を飾る「大文字の火形」「左大文字の火形」「妙法の火形」「鳥居の火形」「船の火形」、生業を反映する「刀鍛冶の炎」「焼き物の炎」「炭焼きの炎」などの巧みの炎、鵜舟の「鵜飼火」や夜漁の「火振り」、早春の野山を彩る「野火」、人の死と結ばれケガレを浄化する「荼毘（だび：焚焼）」等々、がそれである。こうした炎の文化のなかで食事と結びついたものも少なくない。

さて、このように夜景の古典は月影や星影や炎の観賞によって成立したが、現代空間の夜景は主として電気の照明によって形成される。

現代の夜景の味わい

晴れの日の日没後、まだ建物の輪郭がかろうじてわかる時分だが、空が深い藍色になるにつれて、[*8] 建物の内部照明がひときわ目につくようになる。夜景の入口のその時間帯がまずいい。しばらくして暗くなってからは、建物の内・外部、道路沿い、河川沿い、港湾、空港、そして高層ビルや高い鉄塔の点滅光、フラッシュライトなどが地形や建物の形姿を表す。これらはパノラミックな眺めを前提とした「群」としての光のもたらす夜景である。それとは別に、歴史的建築物や土木遺産のライトアップ、ショーウィンドウを飾る照明、イベントの演出照明などのように「個」としての光を楽しむ夜景もある。今日いう夜景の楽しみとは、もっぱらそれら両者の味わいを指す。

＊8　プルキニエ現象という。薄暗がりの状態では、暗くなるほど緑や青がよく見える。これを発見した人物の名に由来する。

視対象

- 夜景の種類
  - 「群」の夜景
    - パノラマ等
    - ＊主に遠景
    - 市街地
    - 道路沿い
    - 河川沿い
    - 港湾
    - 空港
    - 山裾
    - その他（テーマパーク、温泉街等）
  - 「個」の夜景
    - ライトアップ等
    - ＊主に中景～前景
    - 歴史的建築物
    - ビルの内部・外部照明
    - ショーウィンドウ
    - 行事・催事の照明
    - その他（鵜飼、漁火観月、篝火、キャンプファイヤー等）

雨中や雪中の光も風情がある。
下図参照。

⇔

視点場

●視点場（＝飲食の場）のデザイン（枠取り、借景等）

- 眺め方
  - 俯瞰
  - 仰観
  - シークエンス

夜景遊宴
　＝夜景の種類×飲食の場

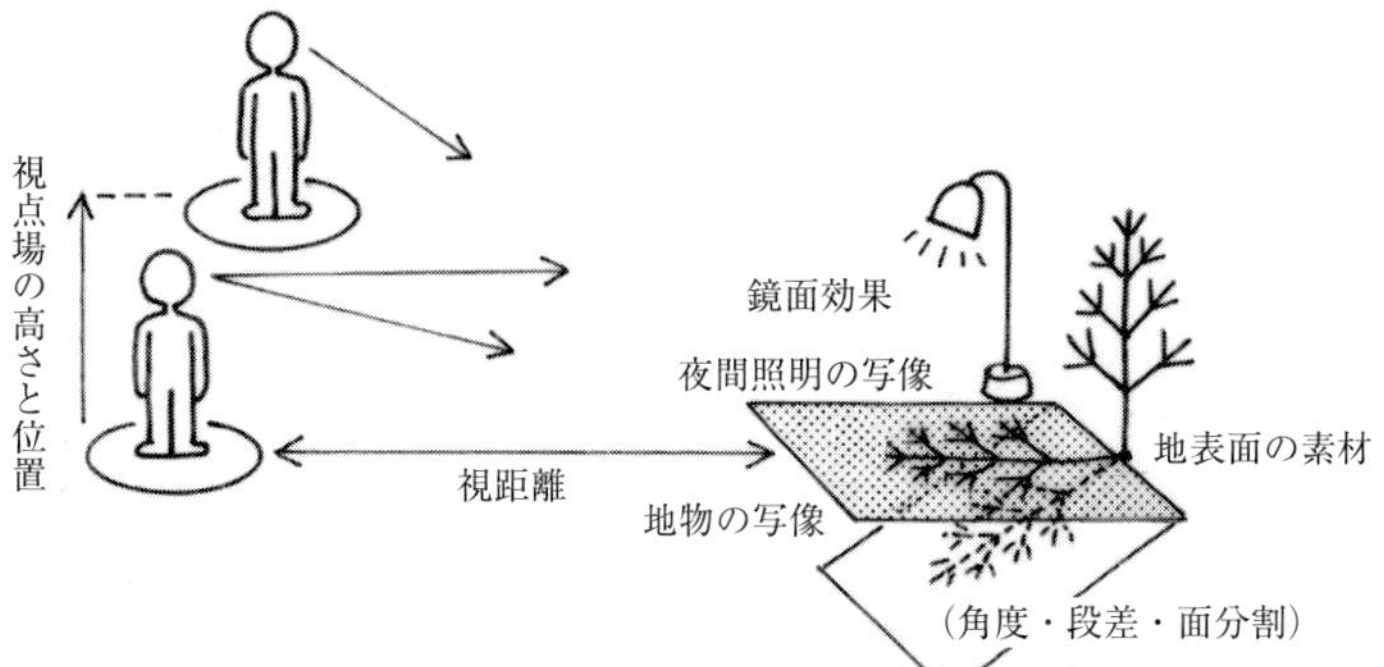

図5-7　夜景と食事

こうした夜景の楽しみを食事と縁づけるには、眺める場所（＝視点場）が、すなわち飲食の場となることである。そこで種々の夜景が視対象として取り込まれるケースをあれこれ想像して拾い上げてみた（図5-7）。

さて、前述のとおり、夜景には大きく分けて「群」として楽しむものと「個」として楽しむものがある。そしてその味わいとは、視対象が何で、視点場を何処に定め、どのように眺めるか、によって規定される。もっとも、視点場が定まれば基本的な眺め方は決まる。基本的とは、

① 遠景か、中景か、近景か、という視距離の問題

② 俯瞰景（高層ビル、展望台、山や丘陵端などからの眺め等）か、仰観景（山や丘陵を視対象として裾から中腹を眺める、あるいは高い建物を見上げる等）か、という問題

③ 固定視点場か、移動視点場（船、列車、自動車等）か、という問題などである。

さらに、視点場自体の演出によって眺めの中味が詳細に決まる。たとえば、枠取りや借景手法でいうところの見切り線などによって、見せたい眺めへと人々の視線を絞り込むことができる（第４章３「まる」と「しかく」参照）。そのうえ、食事の場の雰囲気が眺めの雰囲気と調和すれば、その味覚印象への影響の大きさはいうまでもない。こうして得られた夜景の味わいが、供される料理や飲み物の味わいと融合してこそ、深い味わいがもたらされるのである。

4　目のご馳走――たとえば湯煙の名山

それぞれ個々に語られることの多い「食」と「風景」との魅力を行き来し、互いが高め合う様子を種々の興味に応じて拾い上げここまできた。最後に、その「食」と「風景」を目のご馳走として捉え私的にアレンジした。

さて、湯舟からの視線が山の景色と鮮やかにかみ合う、そういう風景体験を思い起こしてほしい。緊張と疲れが「ハァー」という声にはならぬ声とともに溶けてゆき、そしてもたらされる五感へと染みる快感。温泉好き、旅好きの日本人にはこたえられないこの感覚の真諦を一部でもよいから突き止めたい。とりわけその実相の現れることの多い「いで湯」を通して見つめ、効能の端くれにでも加わるような景観的知見が得られればと思う。

ところで、温泉とわれわれとの交わりの深さを反映して、「温泉学」の話題は理化学から人文社会科学にわたるまで広がりも底の深さをも併せ持っている。法制度の側面、医学・薬学的見地、観光文化の観点など、おびただしい数の知識や見識がこれまでに積み上げられてきた。だから、今さら通り一遍に泉質や薬理効果、入浴方法や医療効果、あるいは由緒や環境作用などに触れても、煩わしいばかりでさしたる実《じつ》は望めない。それらを省くことをあらかじめお断りしておきたい。前置きはこれくらいにして、さっそく景観とのかかわりを覗くことにしよう。

湯のなかの視線

私のまわりの幾人かに「風呂と眺め」に関して尋ねると、たいてい次のような答えが返る。「湯舟に浸かり、とりたてて何もすることがないときは、しばらくすると飽きてくる。そして目のやり場、すなわち視線の先に庭の眺めや自然の景色など目にする何かが欲しくなる」というのである。その場の時間を楽しませてくれるような視対象が確かに私も欲しくなる。視線を受け止めるといえば、場面は異なるが、銭湯の壁画を飾る富士山の絵は浴室に入る瞬間のわれわれの目を引きつけ、ひとときの臥遊的楽しみを提供してくれる。このモチーフの出自や意味を詮索するのは笑止だが、お風呂で供される目のご馳走として日本人に愛されてきたという事実がある。温泉地で、目をとめるというこうした条件を満たす恰好の対象の一つに先述した山の眺めがある。露天風呂の風格を高めてくれるような山の景色は景観資源として優れており、それを有すれば宿にとっては何ものにも換えがたい貴重な財産となる。わが国の温泉地を見渡せば、風呂からの山の眺めを売りものにする宿は少なくない。ここで両者の相性をとりあげてみよう。

お湯にからだを預け手足を伸ばす開放感、体にかかる水圧や浮力の心地よさ、湯気を吸い、血行のよさを温もりで実感する。沐浴《もくよく》とは身体の汚れを落とすこと、すなわち浄化であり禊ぎと通じる。また、「山を仰ぐ」とわれわれはいう。この「仰ぐ」の意味の一つに「うやまう」がある。やや頭を持ち上げ臨むその行為には「崇める」という神的で精神的な暗黙の含みが感じられる。そして芽生える心理的な感情、それは見つめたはずの山に逆に見つめられているような印象、庇護されているという思いが湧き上がる。仰ぐ対象である山にそうしたイメージを重ねるのは自然であり、山岳信仰や神体山が生まれたのも道理であろう。沐浴と目浴の同時的体験、つまり温泉に浸かり山を眺めるとは、それぞれの内包する浄化や癒しの働きが溶け合い高めあうことを意味すると私は考える。

さて、実体に目を移すと、湯舟におけるこの景観体験は、人間の姿勢や、視点と視対象である山の形姿との関係によって、いくつかの状況に仕分けることができる。人間の視知覚特性に関する景観分野の知見では、「仰ぐ」に関して「仰角」が指標化（ただし絶対値ではなく経験値）されている（『景観の構造』樋口忠彦著、技報堂出版、一九七五）。山の眺めについては、①頭部の上下運動をともなうことなく、わずかな眼球運動で対象を見ることができる低仰角の眺め（仰角五度以下）は、独立峰などの山容全体を平遠景として眺めるのに適している。②少し見上げるような、頭部のわずかな動きを必要とする中仰角の眺め（仰角九度近傍）は、スカイラインや山腹を眺めるのに適している。③頭部の動きや眼球運動を必要とする高仰角の眺め（仰角二〇度近傍）は、山腹や壁立状の地形、あるいは後景として山を眺めるのに適している（私見だが、鳥が飛ぶなど動きのある点景が介在すると奥行や谷の深さが際立つ）などが知られている。これらは、大地に立ち風景を眺めるときのスタンダードな視覚的体験に適合するものである。浴槽の縁《へり》にもたれる姿勢では、体の傾斜に合わせた補正

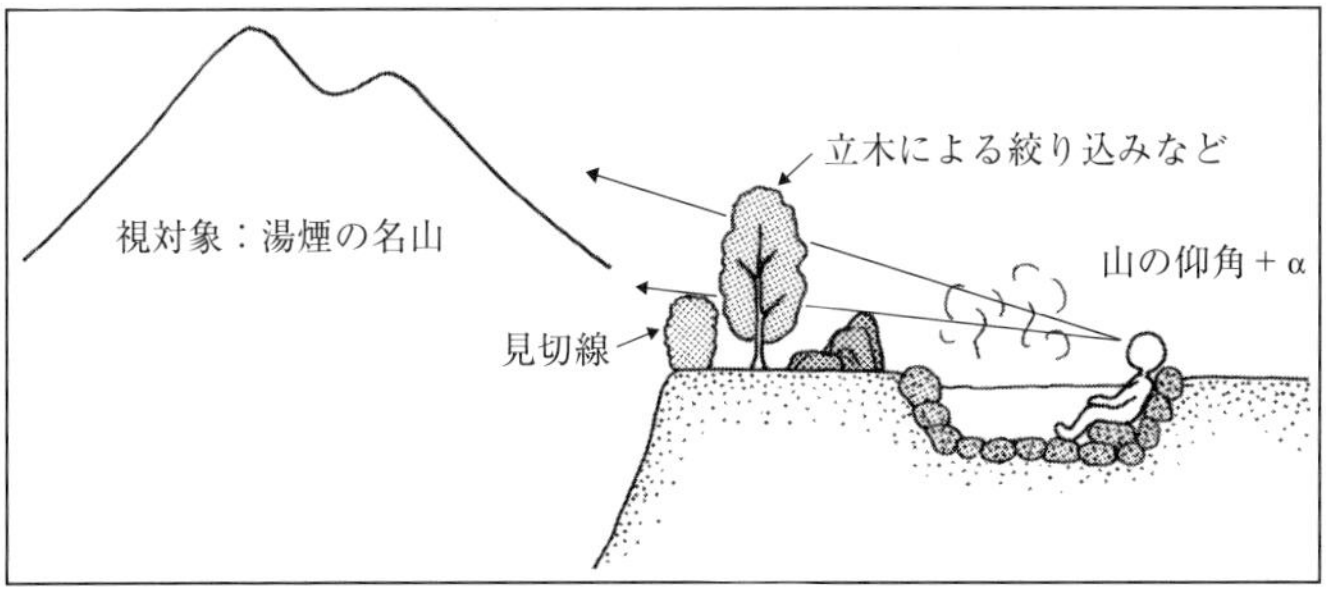

図 5-8　湯煙の名山

を考えねばならない。そして山と互いに見つめ合う。もし山とのこうした視覚的関係が成立したならば、名のある山でなくともその場固有の名山、すなわち湯煙の名山となる。漂う匂いに夕餉《ゆうげ》、朝餉《あさげ》を待ちながら眺める。しかも夕照、雨、雪、紅葉など「移ろいの効果」が加われば楽しみはさらに極まろう。

　世に「名山に名湯あり」という声がある。ことの真実はともかく、私もそれに賛同し拍手を送りたい一人である。名山に名湯、しかも視覚的条件をも満たすとなると探りあてるのは難題だ。しかし楽しい。探索のテキストがないこともない。古いところでは谷文晁（江戸後期の南画家、一七六三〜一八四〇）の『日本名山圖會』（一八一二）、新しいところで深田久弥の『日本百名山』（一九六四）などが入門者の手引書となろう。こうしたまとまったものを手がかりに、比高、仰角、視距離などを計測し、立地条件と視覚条件とに見合った温泉地の風呂を探りあてる。また、好みの小説や随筆の舞台、画集の山景に範をとること、行く先々での名も無き名山との偶然の出会いも捨てがたい。そうして私家版『湯煙の名山』をつくるのも一興である。火山といえば地獄のイメージだが、そこに極楽（＝温泉）も湧く。

あとがき

　この本のあとがきを書き始めるにあたって、あらためて全体を読み返してみた。思った以上に私事や私見が入ってしまった。そのことはお詫びしつつ、今一度、本書を著すに至った思いを述べておきたい。

　私は忘れ得ぬ風景や心に残る食事などのように、一期一会の言葉にふさわしい出会いを大切にすべきと考える一方で、生まれ育った土地の景色や食べ物のもたらす親しみ、安心感、おいしさといった、繰り返すことで生じる物事の価値も同じくらい尊重したいと思っている。両者の関係は、あえてたとえるなら理想や憧れと日常生活との違いに似ている。本書で眺めてきたように、風景や食が人間精神の根幹にかかわりながら様々な次元と位相をもつものなのであるから、どちらも同等に重い。それと、絶景と美食がありさえすれば幸せになれるものでもない。われわれを至高へと導き、心身を養い健康にする「食の風景」の真の価値とは、たまたまある時ある場所に居合わせた者同士の、環境を含めた知的交流の有り様によって決まるのである。

　ここで、両者の創造と享受においてよくよく注意しなければならないことがある。景観も食べ物もぞんざいに扱うと傷みやすい。また、料理の仕方がまずいと味わっても後味がよくない。できる範囲でかまわないから、十分に手間暇をかけることが求められる。かといって気負わなくていい。たとえありふれた眺め、ありふれた食材でも、第1章 3「雨見の美学」で触れたように、新しい眺め方の発見をし、味わい方を変えて飽きないように工夫するような心がけさえあればいいのである。

人は、よく手入れされた景観のなかで暮らし健康によいものを食べていると、自然に心身も美しくなり美的感覚も磨かれる。が、逆のそれであっては身も心も次第にすさんでゆく。洋の東西を問わず、環境の眺めや風土の食は、地域地域で暮らす人々の心延《ば》えであると同時に、彼らの環境イメージの母体ともなるものである。そしてそこには、景観教育と食育とが担い、大人から子供へ、世代から世代へと継承していく文化の問題がある。

人の生活の質、ひいては人生とは、その人間が何処に暮らし、何を眺め、何をどう食べてきたのかによって決まる部分がある。実りある人生を享《う》《け》るためにも、日常の景色、日々の食事に気を配ることが大切なのだと思う。

本書の主たる内容は、財団法人日本交通公社の機関誌『観光文化』に「食と風景の往来」と題して、二〇〇〇年五月から二〇〇三年七月まで二〇回にわたり連載したエッセイを下敷きにしている。読みやすいようその香りを残しつつ、一冊の本にするために全面的に改稿し、さらに幾つかの書き下ろしを加えた。

また、「風景学」や「観光学」のための学術書として著したものであるが、両分野の専門家はもちろん、料理や食事に関心をお持ちの方々の参考となるような内容も適宜盛り込んだつもりである。

この本が、日々の忙しさのなかですり減った読者の五感に滋養を与え、ひいては食文化と風景文化とを往来する種々の問題を考えるきっかけとなれば幸いである。
筆をおくにあたり、この本が日の目を見ることができたのは何よりも技報堂出版の宮本佳世子さんのお陰である。出版に至るまで終始ご苦労をおかけしたことに深く感謝したい。

二〇〇七年七月　梅雨明け間近

小林　享

地形図リスト

以下の地図は、国土地理院発行の地形図を使用したものである。

東京東南部（とうきょうとうなんぶ）東京3号　5万分の1
坂町（さかまち）村上12号-1・3　2万5千分の1
郡上八幡（ぐじょうはちまん）岐阜2号-2　2万5千分の1
磯浜（いそはま）水戸7号-3　2万5千分の1
黒石（くろいし）弘前5号-3　2万5千分の1
松島（まつしま）石巻14号-4　2万5千分の1
柳川（やながわ）熊本10号-1　2万5千分の1
馬下（まおろし）新潟10号-4　2万5千分の1
東京西部（とうきょうせいぶ）東京6号-2　2万5千分の1
京都西北部（きょうとせいほくぶ）京都及大阪6号-2　2万5千分の1
遠敷（おにゅう）宮津4号-3　2万5千分の1
伊王野（いおうの）白河15号-1　2万5千分の1
大原（おおはら）京都及大阪2号-3　2万5千分の1
茅ヶ岳（かやがだけ）甲府6号-3　2万5千分の1
小淵沢（こぶちざわ）甲府9号-4　2万5千分の1
浅間山（あさまやま）長野6号-4　2万5千分の1
常陸鹿島（ひたちかしま）千葉5号-1　2万5千分の1
むつ（むつ）野辺地13号-1　2万5千分の1
薮原（やぶはら）飯田1号-3　2万5千分の1
宮津（みやづ）宮津15号-2　2万5千分の1

著者紹介

小林　享（こばやし とおる）

1957年新潟県に生まれる
1984年筑波大学大学院修了
東京工業大学中村良夫研究室，計画技術研究所，福井工業大学講師，運輸省港湾技術研究所主任研究官を経て
1997年前橋工科大学助教授，2001年同大学院教授　現在に至る

工学博士（東京工業大学）　景観プランナー
専門は景観論，空間計画

著書
［単著］
『移ろいの風景論―五感・ことば・天気―』（土木学会出版文化賞）鹿島出版会，1993
『雨の景観への招待―名雨のすすめ―』彰国社，1996
『風景の調律―景観体験の構築―』鹿島出版会，1999
［共著および執筆分担］
『水辺の景観設計』技報堂出版，1988
『都市をめぐる水の話』井上書院，1992
『景観用語事典』彰国社，1998
『創園―日本の庭　世界の庭―』ミサワホーム総合研究所，1998
『土木用語大辞典』技報堂出版，1999など

食文化の風景学　　定価はカバーに表示してあります

2007年9月20日　1版1刷発行　　ISBN978-4-7655-1725-6 C1025

著者　小《こ》　林《ばやし》　享《とおる》
発行者　長　滋　彦
発行所　技報堂出版株式会社
〒101－0051　東京都千代田区神田神保町
1－2－5（和栗ハトヤビル）
電話　営業（03）（5217）0885
編集（03）（5217）0881
FAX（03）（5217）0886
振替口座　00140－4－10
http://www.gihodoshuppan.co.jp/

日本書籍出版協会会員
自然科学書協会会員
工学書協会会員
土木・建築書協会会員

Printed in Japan

© Toru Kobayashi, 2007

印刷・製本　三美印刷　　装幀　冨澤　崇

落丁・乱丁はお取り替え致します．
本書の無断複写は，著作権法上での例外を除き，禁じられています．

◉関連図書のご案内◉

研ぎすませ風景感覚1	―名都の条件	中村良夫編著 B6・294頁
研ぎすませ風景感覚2	―国土の詩学	中村良夫編著 B6・284頁
景観の構造	―ランドスケープとしての日本の空間	樋口忠彦著 B5・174頁
土木景観計画		篠原修著 A5・326頁
橋の景観デザインを考える		篠原修・鋼橋技術研究会編 B6・212頁
ものをつくり，まちをつくる	―GS群団メーカー・職人共闘編	篠原修編 B6・346頁
街路の景観設計		土木学会編 B5・296頁
水辺の景観設計		土木学会編 B5・240頁
港の景観設計		土木学会編 B5・286頁
デザインが「交通社会」を変える	―美しい国土，魅力ある交通	国際交通安全学会編 A5・316頁
ありふれた まちかど図鑑	―住宅地から考えるコンパクトなまちづくり	谷口守・松中亮治・中道久美子著 B5・207頁
景観統合設計		堺孝司・堀繁編著 B5・140頁
風土工学序説		竹林征三著 A5・418頁
景観デザインと色彩		熊沢傳三絵・著 B5・146頁

技報堂出版 | TEL 編集 03(5217)0881 営業 03(5217)0885
FAX03(5217)0886